JN063514

生徒指導をハックする

育ちあうコミュニティーをつくる「関係修復のアプローチ」

ネイサン・メイナード、ブラッド・ワインスタイン
高見佐知・中井悠加・吉田新一郎 訳

HACKING SCHOOL DISCIPLINE
Using Restorative Justice

NATHAN MAYNARD, BRAD WEINSTEIN

新評論

訳者まえがき

「生徒指導の方法を誤れば、生徒のその後の人生に大きな影響を与えてしまう」

これは、本書の「はじめに」において著者が述べている言葉です。大変重い真実ではないでしょうか。生徒は成長の途上にありますから、当然、さまざまな問題行動が現れてきます。だからといって、その問題行動が取り返しのつかないような深刻な身体的・精神的な深い傷を誰かに負わせてしまうようなこともまた、絶対に阻止しなければなりません。その行為を受けた生徒の人生に、それこそ深刻な影響を与えてしまいます。

さらに、問題行動をとる本人に、その行為がよくないという意識がまったくないこともあります。たとえば、成人式において参加者が暴れて式を台無しにしてしまうといった光景がテレビなどで報道されることがありますが、ある自治体では、後日、暴れた数名が市長のところへ謝罪するために訪れたということがあります。その席上で暴れた理由を尋ねられたところ、「暴れてはいけないと思わなかった」と答えたとのことです。まさに、「何を損なってしまうのか」について事前に考えることができなかったという状況です。

二〇歳になったばかりのこの青年たちは、成人式が暴れた最初の場所ではなかったでしょう。学校の教室でも同様のことがあったのではないでしょうか。繰り返し注意や指導を受けてきたと思いますが、残念ながら、成人となってもその行為に関する見識がまだ十分に育っていなかったというのが現実です。

担任として着任した学級がそのような状態であれば、どうすればよいのでしょうか。注意しても生徒が問題行動をやめないとき、周りの生徒が巻き込まれてしまいそうなとき、あなただったらどうしますか？　著者も、そのような場面について次のように取り上げています。

「日々発生する生徒の問題行動は、あなたの授業を止め、あなたを窮地に追い込みます。あなたは、生徒たちの注目が集まるなか、迅速かつ的確に問題に対応しなければならないというプレシャーに迫られます」

成人式であれば「つまみ出す」こともできるかもしれませんが（社会人になってどこかで暴れたら、警察に通報され、いかなる場からもつまみ出されるでしょう）、教育の場においては、いったん落ち着かせるために別の場所に移すことはできても、生徒を教室から排除して学びの機会を奪うことはできません。しかし、本人が行動を改めなければ授業は停止することになり、ほかの生徒の学ぶ権利が侵害され、生徒や教職員に身の危険が及ぶ場合もあります。学校が安心安全な場ではなくなるのです。

では、私たち教師は問題行動にどのように対処すればよいのでしょうか。厳罰を与えても真の成長にはつながらないことは理解できますが、そもそも本人が行為の結果としての責任をとらないのであれば、それこそ成長は望めそうにありません。

その解決方法として大きな期待が寄せられているのが「関係修復のアプローチ」です。「関係修復のアプローチ」の理念である「Restorative Justice」は、日本では「修復的正義」とか「修復的司法」などと訳されています。本書では、その理念が実際の教育現場でどのように実現できるのかについて、「関係修復のアプローチ」として具体的に紹介されています。

著者は、「関係修復のアプローチ」とは何かについて、「どのようにして個人間の関係を強めることができるのかを研究する新しい社会科学」としています。すべての人をコミュニティーから排除しないという「Restorative Justice」の信念のもと、「関係修復」すなわち損なってしまった関係性を修復することを重視しています。

問題行動を断罪して問題行動と直接関係のない方法で責任をとらせるのではなく、また逆に、反省したらそれでよしとして責任をとらせないのでもなく、さらに教師が生徒を導いて謝罪という形にもち込むものでもありません。あくまでも、生徒自身が「自分の行為が誰にどのような影響を与えてしまったのか」とか「どのような方法でそれを修復できるのか」について考える過程に寄り添い、生徒自身が実際に行動に移して責任をとるまでを支援するアプローチです。

もちろん、何かが起こってしまったあとに、その行為について考え、修復するだけでは事後対応のみとなり、十分ではありません。学校教育としては、そのような深刻な問題行動が起こらないようにするために、あらかじめ学級や学校を「学びのコミュニティー」として、学び合いができる環境にする必要があります。そのためには、生徒が安心して学べるように心の環境を整えるといった日々の予防的な取り組みが非常に重要です。これについては、まだ日本では体系化されていませんが、あらゆる教育活動と生徒の成長を支える大切な役割を果たします。

本書では、各章を通して日常的に取り組むべき予防的な内容について、以下のように紹介されています。

生徒自身の言い分をよく聞き、生徒自身も気づいていない思い込みやトラウマなどを注意深く明らかにして根本的な問題を共有すること（第1章）、サークルを日常的に実践して、生徒が自分に起きたことや感じたことを気軽に伝えあえる場をつくっておくこと（第2章）、クラス全体でお互いにどんな一年にしたいか、そのためにはお互いにどのように行動すればよいか、また何かが起こったときには全員でどのように解決するのかについて話し合って共有しておくこと（第4章）、学ぶことの意味と学ぶ場を一緒につくる意義を共有しておくこと（第5章）、感情に振り回されないように、今自分の感じている感情を受け止めて対応できる力を育むための取り組みをしておくこと（第6章）、さまざまな人の視点に立てるように共感する力を育む取り組みをしておくこと（第7章）。

なお、「関係修復のアプローチ」の中心である「損なってしまったことを修復する――自分の取った行動の責任を直接取ることを生徒に教える」方法については、第3章で詳述されています。そして、その「関係修復のアプローチ」を十分活かすための学び合いの環境を支えるためには、第5章で扱われるマインドセットや第6章のマインドフルネス、そして第7章の共感力の育成が重要な役割を担います。

また、「関係修復のアプローチ」は、教師個人で実践することができますが、学校全体の体制を整えることができれば問題行動の捉え方や対応の方法が広く共有され、より生徒のニーズに応じたきめの細かな対応ができること（第8章）、その際、生徒の状況を的確に把握して支援の充実を図るため、教師間で（または、少なくとも教師個人で）適切な記録をとり、そのデータを活用して問題行動の連鎖から生徒を守ること（第9章）の重要性についても述べられています。「関係修復のアプローチ」を取り入れているアメリカの学校の様子については、「RJ対話の会」が日本語の字幕付きで動画を紹介していますので、教育にかかわっているみなさんには、ぜひご覧になっていただきたいです（https://rjtaiwanokai.wixsite.com/info/movies）

ところで、著者はアメリカの状況について、「学校から刑務所へ生徒を送り出し

てしまっている」という問題を提起していますが、日本においても、少年院を出院した子どもたちの二五歳までの再犯率が約四割にも上っていますので、「対岸の火事」というわけにはいきません。日本のある自治体の学年主任、生徒指導主事などを対象とした調査でも、「従来の教育実践の方法では限界がある」と回答した割合が九割以上に上っています。

私たち教師はこれまでの方法を大きく変えるときに来ています。著者が、「関係修復のアプローチを使えば、そのような傾向を食い止めることができる」と語る言葉に希望を見いだすことができます。ぜひ、日本の教育現場で日々奮闘しておられる教師のみなさん、またその指導に日々接している生徒と保護者のみなさん、そして教育にかかわるすべての方々が本書を読むことを願う次第です。そして、それぞれのコミュニティーから誰も外へ出されることなく、大切な絆をどのように育むかについて、みなさんで話し合って行動していただく際の一助となれば幸いです。

余談ですが、私が「関係修復のアプローチ」と出合ったのは二〇〇七年のことでした。ニューヨーク市の教育改革の調査の際にお目にかかった当時の市の担当者は、「関係修復のアプローチが効果的な生徒指導方法だ」と話してくれました。

当時のニューヨーク市は、二〇〇二年にはじまったブルームバーグ市長の教育改革の結果、合計六〇万票回収した教育調査で、保護者の九〇パーセントが「教師の資質に満足」、八四パーセントが「学校との連携に満足」、教師の八四パーセントが「学校は安全」と回答し、生徒の八八パーセントが「先生が自分たちの成功のために力になってくれている」と高く評価されていました。本書でも触れられる「ゼロ・トレランス」や「多層支援システム」のよい面が組み込まれていますが、「生徒、保護者、教師など、すべての関係者が相互に尊重し、責任を果たしあう」ことがもっとも重視されています。当時のニューヨーク市の教育改革の状況が分かる資料などを希望者にお送りしますので、pro.workshop@gmail.com に連絡をください。

それ以来、「関係修復のアプローチ」について、内容が具体的で実践的で、「結局どうしたらよいのか」がよく分かる著書を日本で紹介したいとずっと願ってきました。今回、千載一遇の機会によって本書にめぐりあわせていただき、大変嬉しく思っています。

最後になりましたが、本書の翻訳にあたり、下訳を読んで貴重なフィードバックをくださった、飯村寧史さん、市川あい子さん、大関健道さん、金山健一さん、栗原慎二さん、佐藤可奈子さん、内藤翠さん、中林浩子さん、東野茂樹さん、本当にありがとうございました。また、本書を世に送り出してくださった株式会社新評論の武市幸一さんに感謝します。

二〇二〇年一一月

高見佐知

もくじ

はじめに――なぜ、学校で関係修復のアプローチに取り組まなければならないのか

市民権データ集計[1]によると、二〇一一年から二〇一二年にアメリカの公立学校に在籍していた四九〇〇万人の生徒のうち、三五〇万人が「校内停学処分」を受け、三四五万人が「学校外停学処分」、一三万人が「放校処分[2]」となったそうです。この資料から、懸念すべき事実がもう一つ分かりました。それは、停学・放校処分を受けた黒人生徒の人数が白人生徒のおよそ三倍に上り、停学・放校処分を受けた障がいのある生徒は障がいのない生徒の二倍だったということです。

学校での罰則をあらかじめ決めて、厳格に運用する「ゼロ・トレランス方針[3]」は、今日の学校における多くの停学や放校を生じさせる根本的な原因となっており、マイノリティーの生徒がその影響をもっとも多く受けていると言われています。

新たな規律指導の方法を活用せずに今現在教育を受けているところから違う場所へ生徒を移してしまうことは、たくさんの悪い影響を及ぼすことにつながります。その悪い影響には、少年法の適用により、刑務所に入る確率を高めてしまうということも含まれます。「学校から刑務所に直結」などと言われるゆえんでもあります。つまり、生徒指導の方法を誤れば、生徒がこれから

受ける教育の内容や進路に大きな影響を与えることになり、ひいては以後の人生からやる気を奪ってしまうことにもつながります。

教育者として私たちは、あらゆる問題行動には絶好の成長の機会が潜んでいると認識する義務があります。認識するだけでなく、さらに私たちは、そのような機会や対象となる生徒を切り捨てることなく、最大限に活かす方法を考えなければなりません。

あらゆる行動は、コミュニケーションの表れです。たとえそれが問題行動であっても、です。教育のプロとしての責任は、そのような行動を理解しようとすることにあります。言い換えれば、

(1)（Civil Rights Data Collection：CRDC）アメリカの教育省が一九六八年から数年おきに実施している、アメリカの公立学校における教育と市民権に関する調査です。

(2) アメリカには、「停学」、「放校」、「退学」といった処分があります。停学は比較的短期間の措置で、学校内停学と学校外停学があり、放校とは、学校を離れ、就学先を別の学校や教育支援機関に変更することです。放校は停学よりも期間が長く、一年の放校期間を終えて元の学校に戻る場合もあれば、そうでないケースもあります。一方、退学は、学校教育システムから外へ出ること、すなわち教育を受けることをやめてしまう状態です。州によりますが、概ね一六歳以下の退学は認められておらず、何らかの形で教育を受けることになっています。

(3)（Zero-tolerance）一九九〇年代にアメリカではじまった生徒指導の方法です。問題行動に対する学校の対応と措置基準を明文化し、厳格で公正な適用によって規律を維持し、銃や薬物、深刻な暴力行為等から子どもたちを守り安全な学校環境を確保しようとするものです。

問題行動に対応する教職員側の改善からはじめるということです。適切に対応する方法をよく検討したうえで取り入れて、先に述べたような教育政策上のバランスの悪さを克服していく必要があります。

具体的には、どのようにすればよいのでしょうか?

本書を読んだからといって、すべての学級運営における問題が即座に解決できるわけではありません。しかし、効果があると実証された問題行動への対処方法を用いることによって、「教室の穏やかな雰囲気」、「お互いを尊重する風潮」、「秩序ある文化」を維持するために役立つツールを提供します。本書で紹介する「関係修復のアプローチ」は、生徒がいる教室から違う場所へ移されてしまうような状況を受け止め、起きてしまった問題を修復し、前に進むための方法を生徒とともに考えるというものです。この方法を活用すれば、生徒の問題をめぐってみんなで意見を交わしながら、協力する雰囲気を生み出すことができます。

一日一日が、あなたにとって対応がもっとも難しい生徒たちとつながる新たな機会となります。彼らは、みんなから無視されることや、何かがうまくいかなかったときに非難されるといったことに慣れてしまっています。生徒に責任をもたせることも大切ですが、もっと大切なことは、難しい問題行動の根っこにある原因を見つけ、それらに正面から取り組むことです。

生徒には、たとえあなたが厳しく接しても、彼らを助けるためにあなたが存在していることを理解してもらいましょう。どこまでも親切に接して、彼らを励ましましょう。ただ惜しみなく、与え続けましょう。

関係修復のアプローチにおいて中心となる考え方は、「本質的に問題がある」生徒は一人もいないということです。ただ、問題行動を引き起こしてしまうような何かが存在しているだけです。教室で学習が成立しないときと同じく、私たちは教師として、その問題行動を解明するために飛び込んでいかなければなりません。この場合、「アメとムチを使った訓練」のような古いやり方では、問題に向きあって解決するどころか、かえってより多くの「対立」や「排除」、そして「レッテル貼り」を生み出してしまうことになります。

私たちはそうした状況を乗り越えて、真に行動を変えることを学ばなければなりません。教師も、生徒も、ともにです。

関係修復のアプローチは、コミュニティー間の社会的なつながりだけでなく、どのようにして個人間の関係を強めることができるのかについて研究する新しい社会科学です。「関係修復国際研究所」[(4)]では、「すべての人間は、つながりあうために生まれてきた。私たちが食べ物や住まい、

（4）（International Institute of Restorative Practices：IIRP）関係修復のアプローチを世界的に普及している、大学院を有する団体です。アメリカのペンシルベニア州に本拠地がありますが、各大陸に支部をもっています。

衣服を必要とするのと同じく、人間は繁栄のために強くて意味のあるつながりを必要とする」と述べられています。また、同研究所は、関係修復のアプローチは次のことに役立つと明言しています。

・犯罪や暴力、いじめを減らすこと。
・人間の行動を向上させること。
・市民社会の質をより高めること。
・効果的なリーダーシップを発揮すること。
・関係を修復すること。
・損なってしまったものを修復すること。

私たちは、二五年以上にわたって教育分野でリーダーシップを務めてきたという実績と、関係修復国際研究所での公式トレーニングに基づいて、読者のみなさんに「関係修復のアプローチ」への理解を深めてもらい、実践を通して生徒の生活に変化をもたらしていただけることを願って本書を執筆しました。

罰則によって解決されがちであった問題行動に対して、関係修復のアプローチでどのように対応すればよいのかを示していきます。このアプローチは、今までの生徒指導の方法に代わるものであり、「行動に対する責任」、「損なってしまったことを修復する義務」、そして「問題行動を正すための段階的な手順」で構成されている新たなアプローチです。

このアプローチでは、問題行動の背後にある「なぜ」を深く掘り下げ、問題をきっかけとしてポジティブな協力関係をつくりあげ、学校として活用できるリソース（人材や仕組み）を共有し、関係者全員の健全な関係を築いていきます。

感情をコントロールすることは、生まれつき備わった能力ではありません。それは、学んで習得するものです。

職業上における教師と管理職の不満に共通する大きな要因（私たちの人生の悩み、と言ってもよいかもしれません）として、問題を抱える生徒への対応の仕方が挙げられます。「プライマリー・ソース二〇一二年報告書」[5]によると、回答した教師の半分以上が、一日のうちで生徒指導に費やす時間を今よりも減らしたいと考えています。生徒の学びと成長を支えたいと志して教職に就いたにもかかわらず、その志のために費やすべき時間が生徒の問題行動に関する対応に奪われてしまっていると感じているのです。

（5）アメリカの一万人以上の公立学校の教師を対象とした、教職に関する調査のことです。https://www.scholastic.com/primarysources/ pdfs/Gates2012_full.pdf で、読むことができます。

さらに「プライマリー・ソース」では、小学校教師の六八パーセント、中学校教師の六四パーセント、高校教師の五三パーセントが、「教師になったころよりも問題行動が確実に増えた」と感じているといった結果も示されています。

絶え間なく進化する現代社会では、多様なＩＣＴ（情報技術）が簡単に使えるようになったことが理由となって、生徒と保護者は気を散らさずに集中して取り組むことが難しくなっています。また、学校よりもスポーツや娯楽が重要視されるような雰囲気もあり、教師の仕事はかつてないほど難しいものになっています。

残念なことに、問題行動は消えてなくなることはありません。私たちは、「効果的ではない」と明らかとなっているこれまでの指導方法を継続することもできますが、それを変えることもできます。そうです、「私たち」には変えることができるのです。もし、指導方法を新たにつくり直すのであれば、私たち自身が変わらなければなりません。私たちは、大声を出したり、怒鳴り散らしたりするのではなく（これらは、明らかにうまくいきません！）、相手を尊重したコーチング(6)と、理解や合意を得るための説明責任を丁寧に果たし、「どのように行動したらよいか」について生徒に教えなければなりません。

現在の生徒たちは、私たちが学校に通っていたころと同じではありません。より複雑で、競争が激しく、情報が手に入りやすい世界に暮らしています。大人から教えられなくても、ＩＣＴの助けを借りて、生徒は常に何かを検索したり、コミュニケーションをとったりしています。そうした状況をできるだけ早く受け入れて、生徒とともに変化することが私たちにとっては望ましいことだと言えるでしょう。

ただし、生徒の失礼な行動や問題行動をそのまま受け入れなければならないという意味ではありません。それらの行動にこれまでとは異なる方法で対応し、改善する必要があるということです。

私たちは、本書を読まれるあなたに、新たな方法で生徒の問題行動に対応し、改善するための基礎が築かれることを願っています。本書では、関係修復を図るための九つのハック（改善策）[7]を紹介していきます。それぞれのハックには、他の「ハック・シリーズ」[8]と同じ形式で、改善の

（6）コーチングでは、解決策や答えはすべて相手の中にあるとして、相手の話を傾聴しつつ相手に問いかけ、サポート役に徹しながら解決策を明らかにしていきます。
（7）「ハック」とは、「難しい問題をなんとかうまく解決するためのよい方法」という意味です。
（8）現在、『成績をハックする』、『宿題をハックする』、『教科書をハックする』、『子育てのストレスを減らす10の「魔法のことば」――子育てをハックする』、『「学校」をハックする』が刊行されています（書誌データは巻末を参照）。今後も、『読む文化をハックする』『学校図書館をハックする』『質問・発問をハックする』などが刊行される予定です。

ための ポイント、詳細な説明、そして事例が示されています。各章には、「問題」、「ハック」、「あなたが明日にでもできること」、「完全実施に向けての青写真」、「課題を乗り越える」、「ハックが実際に行われている事例」という見出しのもと、具体的にどうすればよいのかについて分かりやすく示されています。

もしかすると読者のみなさんは、私たちがなぜ本書を通じて生徒指導について書くのかと疑問に思うかもしれません。その理由は簡単です。生徒指導が学習の到達度に直接影響を与えていると、私たちは確信しているからです。

責任ある、思いやりの深い生徒指導によって、すべての学校が安全で安心できる場所となり、生徒がより健康的で、実り多い生活を送ることができるようになると私たちは信じています。すべての生徒が、自分のことを大切に思ってくれる教師に出会うことを望んでいます。「関係修復のアプローチ」は、それを可能にするための最初のステップなのです。

生徒指導をハックする——育ちあうコミュニティーをつくる「関係修復のアプローチ」

Nathan Maynard and Brad Weinstein
HACKING SCHOOL DISCIPLINE
9 WAYS TO CREATE A CULTURE OF EMPATHY
& RESPONSIBILITY USING RESTORATIVE JUSTICE

Japanese translation rights arranged with Times 10 Publications
through Japan UNI Agency, Inc., Tokyo

ハック 1

さあ、あなたの「声」を聴かせてください

問題を解決するために、
コミュニケーションを
大切にする文化をつくり出す

関係が築かれていないなかでの規則には抵抗したくなる。
（ジュシュ・マクドウェル）*

（＊）（Josh McDowell）アメリカ人で、福音派のプロテスタントの伝道者です。『教会からクリスチャンホームの子がいなくなる――どうしたら次世代に聖書の基準を継承できるのか』（共著、いのちのことば社、2004年）を含めて、150冊以上の本を出版しています。

問題——生徒たちは、きちんと自分の「声」を聴いてもらえていない

生徒たちが間違いを犯したとき、彼らが「声」を発するチャンスを教師が与えていないことが[1]ありあます。罰に基づくアプローチは、どちらか一方が責めを負い、問題行動に対する罰が与えられます。しかし、罰としての措置は、一時的に絆創膏を貼った状態でしかありません。罰を与えることが、起こったことの全容を明らかにしたり、問題行動に関係する課題のすべてを表面化することはないのです。

たとえば、ある生徒がほかの生徒を殴ったら、その結果として停学処分となります。私たちはその生徒に、「あなたが起こしたのはどんな問題でしたか？　次に問題を起こさないためにはどうしますか？」と尋ねるかもしれませんが、これらの質問は必ずしも生徒が「声」を発する機会を提供しているとは言えません。なぜなら、「なぜ、そうせざるを得なかったのか？」という点については尋ねていないからです。質問の流れは決まり切ったもので、台本どおりに生徒に答えさせているだけです。

このようなことでは、多くの生徒が同じ過ちを繰り返すのも当然と言えます。問題の真相を明らかにすることに時間を割かなければ、問題の原因に対応することができません。私たちは、日常業務の対応に追われ、「人」としての生徒に対処する方法を忘れてしまっているのです。

このようなアメとムチによるしつけは、生徒が本当の変化を起こすための改善策にはなりません。それは問題行動に対する即時的な対応でしかありませんので、押しつけた形での変化しかもたらしません。たとえば、ウサギを穴に追い込むときに棒で叩いて入れるようなものです。または、穴の前にニンジンをぶら下げておいて、ウサギが穴に落ちるように仕向けるといった方法です。

これらのアプローチは、穴に入ることの大切さをウサギに教えていることにはなりません。どちらの方法も、ウサギが自分から穴に入りたいとは思っていないのです。それに、これらの方法はあまり公正なものとも言えません。穴に落ちるまで、ウサギは穴の存在自体を知らないからです。

(1)「声」とは、生徒の思いや考えを反映した言葉のことです。生徒が話しはじめたことに対して、「言い訳するな」とか「人のことは言わなくていい」などと言ってしまったことはないでしょうか。

「さあ、あなたの『声』を聴かせてください」と言い、質問を中心としたやり取りをすることで罰を与えるための場でないことが分かり、ミーティングそのものが「対話する場」であることを示すことになります。

今現在行われている生徒指導のアプローチは、生徒に変わることを押しつけているか、または変わるように促しているかのどちらかです。つまり、変わることの必要性を教えていませんし、そもそも生徒がなぜそのように行動してしまったのかということについて尋ねていないのです。すなわち、私たちは、押しつけられて変わるのではなく、生徒自身が変わりたいと思えるような方法を見つけなければならないということです。

私たちは、生徒が問題行動を通して何を訴えようとしているのかをしっかり聴いて、生徒の話から明らかになってきたことを、よい方向へ導くために活かしていく必要があります。この目的を実現するために教師は、生徒との関係を築き、クラスの雰囲気をよくし、生徒たちに「声」を発する機会を提供する必要があります。これらはすべて、極めてシンプルな、いくつかのハックによって達成することができます。

ハック――さあ、あなたの「声」を聴かせてください

「この問題行動にはこの対応」と、決まりきった一つの型をすべての生徒に適用するのではなく、私たちは生徒の「声」にまず耳を傾ける必要があります。そうするためには、生徒の問題行動を

分類して、適切な罰を与えるのではなく、まずは問題行動そのものを理解することに熱意をもって取り組まなければなりません。問題行動が起きたときには、次のようなオープン・クエスチョン（開いた質問）[2]を使って生徒に問いかけてみましょう。

・何が起こったのですか？
・それが起こったとき、あなたはどんなことを考えていましたか？
・あなたのとった行動は、誰にどんな影響を与えましたか？

生徒の行動について理解ができたら、「関係修復のアプローチ」の次のステップへと進むことができます。関係修復のミディエイション[3]は、問題を建設的かつサポーティブ[4]に解決するための

(2)　質問の種類には、「オープン・クエスチョン（開いた質問）」と「クローズド・クエスチョン（閉じた質問）」があります。前者は答えが一つに決まらず、自分の言葉で説明する必要があります。後者は、「はい」、「いいえ」で答えられたり、「日本の首都は？」「東京」といったように、答えが一つとなっている質問です。

(3)　ミディエイションとは、葛藤、摩擦、対立、もめごとなどを解決するための方法の一つで、中立な第三者である「ミディエイター」が進行し、当事者同士が意見や事情を聴き合うことで合意形成を図り、解決を導く方法です。

(4)　直訳すると「支持的」、「協力的」、「面倒見がいい」などとなりますが、いずれも一部しか表していないような気がします。自分がサポートを必要とするときには適切な支援が受けられ、そして他者が必要なときにはそれが提供できる双方向性というか、コミュニティーの感覚が強いと思われますのでカタカナ表記とします。

効果的な方法の一つです。「問題の状況をあらゆる面から検討し、最善の解決策を考え出す」ことを目標にしています。

関係修復のミディエイションにおける手順はとてもシンプルなものですが、使いこなすには少し練習が必要かもしれません。基本となるのは、以下に挙げる四つのステップです。

関係修復のミディエイションの手順

❶起こった行為を明らかにする。

❷関係した生徒（たち）に、廊下や授業後の教室に少し残ってもらったりして、短い会話をする（どちらでも、生徒が望む方法で）。

❸起こった行為とその理由をさらによく理解するために、関係した生徒（たち）に前述したようなオープン・クエスチョンを行い、話をよく聴く。

❹関係した生徒にとって意味のある、建設的な解決策に向かうように対話を導く。

「さあ、あなたの『声』を聴かせてください」と言って、質問を中心としたやり取りをまず行い、このミーティングが罰を与えるための場ではなく、対話する場であることを示します。私たちは教師として、かかわった生徒がそれぞれ起こったことを各自の立場からどのように見ているのかを共有し、関係者全員がかかわりあう機会を提供して、全員の「声」が聴けるようにしたいのです。

関係修復国際研究所[5]によれば、「関係修復のアプローチ」の特徴は、「もめ事（conflict）」、「問題行動（wrongdoing）」、「損なってしまったこと（harm）」の三つに対して効果的に対応できることとされています。問題行動にすぐに対応し、関係した生徒たちの「声」を聴き、状況をできるだけ理解しようとすることで、拙速に罰を与えてしまうといった対応の誤りを避けることができます。また、生徒自身が、自分の行動と、なぜそれがいけなかったのかを理解して、これからどうするべきかについて考えられる環境を整えることができます。

ミディエイションは、関係修復のアプローチにおいて重要な役割を果たします。あなたには、調和のとれた解決を目指して、話し合いの場をリードし、対話の仲裁者を務める必要があります。関係修復のミディエイションにおいて中心となる大切なことは次の五つです[6]（英語の単語ではすべて「R」ではじまります！）。この五つの大切なことは、ミディエイターが効果的なミディエイションをするためのステップにもなっています。

（5）xiiiページの注を参照してください。
（6）ミディエイションでの対話を導く役割をする人のことです。ここでは、教師がその役割を果たしています。

尊重すること（Respect）――肯定的なミディエイションの根幹です。もし、関係した全員が問題を解決し、関係を修復したいと思っているなら、そのプロセスの間中、お互いのものの見方や感情を尊重する必要があります。

関係を築くこと（Relationships）――次のステップです。自分の視点からストーリーを語ってもらうことで生徒たちは意思疎通を図り、お互いの話を聴き合うといったことを学びます。ある生徒は、相手が暴言を吐いたのは、最近おばあさんが亡くなってしまって落ち込んでいたことが原因だったと分かって驚くかもしれません。また、それを知ったことで考え方を変えるかもしれません。人が抱える問題は、いろいろなことにつながっています。共通理解を図ることで関係の構築もできるのです。

責任をもつこと（Responsibility）――好ましくない行動にかかわったすべての生徒が前に進むためには、とった行動と結果を「自分のもの」と認める必要があります。チーム[7]として意味があり、論理的に納得のいく結論を得るための具体的な方法については、次の二つの「ステップ」を参照してください（できるだけたくさんの方法を出して、そのなかから選ぶことをおすすめします）。

損なってしまったことを修復すること（Repairing the harm）――創造的な発想が求められます。単に停学にしたり、放課後の居残りをさせたりするのではなく、ミディエイターは状況を修復するために、あらゆる可能性をブレインストーミングする必要があります。もし、教師に失礼なことを言ってしまったのなら、放課後に「謝罪の手紙」を書くというのもよいでしょう。または、もし二人の生徒が別の生徒をみんながアクセスできるオンライン上でいじめたのなら、実際に意味のある解決法に生徒たちを導きましょう（解決法としては、いじめを行っていた生徒が、ブログやツイッターなどのＳＮＳで、いじめられていた生徒について少なくとも五つの肯定的な書き込みをすることなどが挙げられます）。

損なってしまった関係の修復は、関係者全員の賛同を得て行います。ミディエイターは、関係者全員の創造的な思考を活性化するようにしましょう。

再び統合すること（Reintegrating）——話し合いのあとに生徒がいつもの日常生活に戻れるように、最大限の尊重と温かい配慮が必要となります。クラスへ戻る当日、あなたはその前に生徒と対話して、「クラスに戻る前に外を少し歩いて、気持ちをスッキリさせたくない？」などと尋ねましょう。何かしてしまったときの生徒には「恥ずかしい」という気持ちが生じますので、簡単に日常生活に戻れるというわけではありません。日常に戻ることは、ミディエイションの一部としてしっかりと位置づけられるべきです。

（7）関係修復ミディエイションに参加するメンバーのことです。

生徒自身の行動に対して直接的・個人的な責任をもつようにすることは、内発的な（自分の内側から湧きあがる）変化をもたらす効果があります。ミディエイションは、行動が与えた実際の影響について生徒自身が考えをめぐらす機会となります。ミディエイションを関係修復のアプローチと組み合わせることで、私たちは、「共感」、「前向きな雰囲気」、「永続的な変化」をつくり出すための秘訣を手にすることになります。

あなたが明日にでもできること

意外に思われるかもしれませんが、先に示したステップに慣れたら、ミディエイションはかなり素早く行えるようになります。あなたは、目指すべきクラスの雰囲気とお互いに期待しあうことを明確にし、誤った行為を関係者全員でしっかり受け止めて、「次はどうするのか」という計画を立てます。それで完了です！

私たちのおすすめは、じっくり時間をとって、ミディエイションの流れを具体的に書き出し、必要な事態が生じたときのための準備をしておくことです。ミディエイションを使いこなせるようになるまでは、以下に示すような方法でミディエイションを実践して、問題行動に対応してください。

ミディエイションを実施する――ミディエイションにあたっては、参加する関係者全員を歓迎し、来てくれたことに感謝しましょう。そうすることで、最初に肯定的な雰囲気をつくります。話し合いを進めるにあたっては「オープン・クエスチョン」を使いましょう。「ごみ箱を蹴るのがいいことだと思ったの？」ではなく、「ごみ箱を蹴る前に、あなたにはどのようなことが起こっていたの？」と尋ねるのです。生徒がどのように感じたかということに焦点を当てつつ、何が起こっていたのかについて把握しましょう。

ミディエイションではあなたは探索する人になって、「なるほど、そういうことが起こっていたのか」、「そのように感じていたのか」などと生徒の話をよく聴いて、問題解決のために知っておくべきとされる埋もれていたことを発見し、それらがすべて表面に出てくるようにします。生徒が新たな事実を話してくれたときには、「話してくれてありがとう。つらかったよね」などと肯定的なメッセージを伝えれば、やり取りを発展させることができます。このようなフィードバックによって会話の流れがよくなり、内容も深まっていきます。

実際に取り組める計画を考える――関係者全員にとって、ミディエイションのあとに来る次のステップとは何でしょうか？　将来、同じような問題が起こりそうになったとき、関係したみんなで、未然にチームとしてどのように防ぐとよいでしょうか？　あなたは、ミディエイターとしてまず起こった事実を要約してください。その際、とくに気をつけるべきことが何なのか、はっきりと分かるようにしましょう。そして、将来、もし同じようなことが起こったらどうするのかについて一緒に考えます。「もし、このようなことが再び起こってしまったら、こうすることにしましょう」と全員の同意を得ることで、誰もが関係していると実感することができます。

学校やクラスでお互いに何を期待しあうかについて、「私たちは一緒に取り組みます。互いに助け合いましょう」などと紙に書いて、見えるところに掲示し、それを目にするたびにみんなが思い出せるようにしましょう。

必要に応じて情報を共有する——問題を起こした生徒にかかわる人のなかで、誰を話し合いに招いたらよいでしょうか？　今後、十分に生徒が力を発揮していくにあたって鍵を握っているのは誰でしょうか？　今後の支援にあたり、対象となる生徒のミディエイションの内容を共有しておくとよい関係者は誰でしょうか？　生徒を取り巻く支援者のみなさん、すなわち保護者、ほかの教師、スクール・カウンセラー、運動部のコーチ、保護観察官、学校委員会のメンバーなどを考えてみてください。

支援者のみなさんには、生徒のことを否定的に話したりはせず、損なってしまったことを修復するためにその生徒がどのような努力をしているのかについてしっかりと讃えながら伝えましょう。このような行為は、問題行動を引き起こすことになった原因、すなわちストレスやトラウマなどを明らかにするために効果的となります。そして、関係する大人たちがそれを知ることは、生徒のたどった道のりを尊重するとともに、これから先、配慮すべき点をふまえた対応にもつながります。

詳細に記録する――生徒の行動とミディエイションの内容、そしてこれからの計画などの記録をとることは、生徒の行動および問題行動の傾向を分析し、生徒たちがたどっている旅路の全体像を描くために役立ちます。記録とは、次のようにまとめたものなどです。

「今日、私たちが話し合ったことをまとめると、タイロンは明日、授業前にメイリー先生に謝りに行くことになりました。私は、その授業の最後にタイロンのところへ行って、関係修復がうまくいったかどうかを確認します」

　みんなが教室を離れてしまう前にミディエイションで話し合われたことを要約して確認しておくと、全員が話し合われた内容を理解することができるほか、損なわれてしまったことがどのように修復されるのかについても確かめることができます。そうすることで、ミディエイションの初めから最後まで、ずっと関係修復の雰囲気を保つことができます。

場の環境を整える――教室や廊下など、校舎のどこにいても関係修復に関する言葉が共有できるようにしましょう。将来的には、生徒の目に留まるように分かりやすい掲示物を貼り出すとよいかもしれません。

このような言葉を、生徒たちだけでなく教職員もあらゆる場で共有しましょう。たとえば、次のような掲示が考えられます。

・「関係を修復する際に私たちが大切にすること」は、尊重、関係、責任、修復、再統合です。

・「五つのR」を覚えておこう！(8)

・すべての人を尊重しよう。周りの人と関係を築こう。自分の選択と行動に責任をもとう。何かを損なってしまったら、素早くかつ誠実に修復しよう。そして、再び日常の生活に戻るようにしよう。

評価する――関係修復のやり方にシフトするためには、学校の教職員とオープンに対話を続けることが大切となります。教職員は、大人の行動や暗黙の偏見などが生徒にどのような影響を与えてしまうのかについてオープンに話し合う必要があります。その際、互いに、誠実に向きあうように心がけましょう。

ミディエイションのあとには教職員でミーティングを行ってください。また、学校の管理職には、自分では気づかないうちに生徒の成長を阻害する行動をとってしまっている教職員とは一対一で話し合う準備をしておく必要もあります。

完全実施に向けての青写真

関係修復のミディエイションはすぐに実行することができますが、自分のものにするためにはある程度の練習が必要になるでしょう。配慮する点も少なからずありますので、あなたと生徒たちのミディエイションが充実したものになることを願って、以下に挙げる個別のステップを詳しく見ていきましょう。

ステップ1　問題と、問題を起こした生徒たちを明らかにする

これは、ミディエイションをはじめる前にしなければならないことです。あなたの目標は、何が起こったのか、誰が影響を受けたのか、そして問題を起こした生徒たちがそれぞれどのような行動をとったのかについて明らかにすることです。

生徒が問題行動をどのように見ているのかを知るために有効な方法は、起こったことについて

---

(8)「五つのR」とは、一〇〜一一ページで紹介された関係修復のミディエイションの中心となる価値を表す、Respect, Relationships, Responsibility, Repair, Reintegration の頭文字です。

生徒自身に振り返ってもらい、話してもらうことです。その後、あなたは、「では、あなたは一度だけ彼を見たのね。そうしたら、彼があなたに鉛筆を投げてきたの?」などといったように、より詳しく思い出せるような質問をしてください。このように尋ねながらゆっくり思い出してもらうと、すでに話したこと以外にもそのときに起こっていたことに気づくかもしれません。

さらに生徒には、「より多くの情報を共有するとより早く問題が解決できる」と伝えてもよいでしょう。私たちは、「全部話してもらわないと問題解決が難しい」と生徒に伝えるようにしています。あとになってから、実はこんなことが起こっていたと明らかになると、再びその問題への対応が必要となってしまいます。すべてを話してくれるように伝えて、生徒を励ましましょう。事実確認が終われば次のステップへ進みます。

ステップ2　関係者たちをミディエイションに招く

ここで述べる関係者とは、問題行動にかかわった人、影響を受けた人のすべてです。たとえば、ジェイムズがアレンに向かって投げた鉛筆がアレンの後頭部に当たったとします。アレンがジェイムズに対して大声で怒鳴りはじめたので、クラス全員が「何が起こったのか?」と思って読書をやめてしまいました。この場合の関係者は、ジェイムズ(問題を起こした当事者)、アレン(被害者)、ほかの生徒全員(鉛筆が当たってアレンが憤慨したのを目撃した)、教師(授業をいったん止めて、問題に対応しなければならなかった）となります。

さて、あなたは、「ミディエイションに誰を参加させるべきか」について決めなければなりません。すべての関係者を含める必要はありませんが、重要な役割を担う人は必ず含める必要があります。

ステップ3　ミディエイションの「目標」と「大切なこと」を共有する

ミディエイションに参加する人は、全員が「このミディエイションを何のためにするのか」ということを理解しておく必要があります。先に紹介したミディエイションの目標と五つの大切なこと（尊重、関係、責任、修復、再統合）が、これからはじまるミディエイションに見通しを与えてくれます。これらを「目指すべきゴール」としてホワイトボードか紙に書き出して、全員が見えるようにしてください。そうすることで、全員がしっかりと理解しながらミディエイションに参加することができます。また、ミディエイションで最終的に何を目指すのか、参加者に合意を得ることもいいアイディアと言えます。

ステップ4　安心安全で、お互いにサポーティブな雰囲気をつくり出す

座る席を適切に割り当てたり、参加者の性格に配慮したり、参加者の不安を和らげる方法を用いたりして、ミディエイションがうまくいくように工夫しましょう。ミディエイションにおいて期待される態度や達成したい目標を伝えて、よい話し合いの雰囲気をつくるようにします。

興奮しやすく、感情的になりやすい参加者は、ドアに近いところに座ってもらうのがよいでしょう。あなたは、「スズメバチを決して部屋の隅に追い込んではいけない」という言葉を聞いたことがありますか？　部屋の奥に不安を感じている人が座ったら、この言葉の意味が分かるはずです[9]！

ミディエイターとして、できるだけ穏やかな雰囲気を維持するように心がけましょう。ハイテク機器は見えないところに収めて、雑音や気になる音が出ないようにして、個人的かつ守られた空間を確保します。もし、ミディエイションをしているところを通りがかりの友だちに見られたら、対象となっている生徒は不安に思ってしまうことでしょう。せっかく進めてきたミディエイションが台無しになるかもしれません。

参加者全員に、ミディエイションを止めてもらいたいときの方法を知らせておくのもよいでしょう。また、ミディエイションの途中で感情的になってしまった場合も、その感情は尊重されることを伝えましょう。そのようなときは、参加者は席を立って、ミディエイションからいったん退出することができます。

退出している間、どこに、どのくらいの時間いてもいいのかについて生徒が分かるように、ミディエイションから出て過ごす場所と退出可能な時間を決めておきましょう。たとえば、参加者に次のように伝えるとよいでしょう。

「あなたが、もし動揺したり、平静でいられなくなったりしたときは、部屋から出て外の椅子に一分間座ることができます。一分経ったら私が声をかけて、部屋に戻れそうかどうかを尋ねます。部屋に戻れないようなら、それはそれでかまいません。しかし、そこでミディエイションは終了となります。もし、あなたがミディエイションはもうしないと決めてしまった場合は、今後のことに関しては、あなたの手から離れることになります。そして、あなたがすべきことを先生が決めていくことになります」

ステップ5　要約してお互いの言い分を共有する

生徒の学びを促すためには、「何が起こったのか」についてさまざまな視点からどのように見ているのかについて生徒が発言でき、それについてどのように思うのか、と話し合う必要があります。これは、事実を重視するストーリーテリングのアプローチです。

（9）面白いたとえ話です。追い込まれたスズメバチは暴れ出して、その結果、部屋にいる人を刺してしまうという意味だと思います。確かに、不安を感じている人は、部屋の奥ではなく出入口に近い席に座るほうが安心すると思います。

もし、「彼女は、ケンカを売ってきそうな感じで私を見ました」と生徒が言った場合は、次のように言い換えましょう。

「あなたは、彼女があなたを見た、と言いたいのね。本当にケンカをしたかったのかどうかは、彼女に話を聞いてみるまで分からないよね。それでは、続けて、実際に何が起こったのかを話してくれるかな」

何が起こったのかについて、話すべき人全員が話し終わったら、次は対立を起こさないような質問を投げかけます。質問はあなたがしてもいいですし、参加者が質問するという形をとってもいいでしょう。

発言をしたい人には必ず挙手をしてもらい、一人ずつ話すようにします。事実確認の場面でさまざまな感情が複雑に入り込んできてしまうと、ミディエイションの目標を見失うことになります。ミディエイションを順調に進めるためには、誰かを責めるような質問はしないようにして、「何が起こったのか」を明らかにすることに集中しましょう。つまり生徒は、「私とケンカをしたかったの?」と尋ねるのではなく、「どうして私を見ていたの? 何かあった?」と尋ねるようにするということです。このようにすることで、感情をいったん横に置いて、より高次の思考を使って対話を続けることができます。

関係者全員が自分の言い分を言い終え、何が起こったのかについて客観的な視点がもてたなら、どのような話し合いが行われたのかについてあなたが要約します。

ステップ6　損なってしまったことを修復し、肯定的なものの見方を促す

さて、あなたは何が起こったのかを明らかにし、思い込みを取り除くことができました。次は、「損なってしまったことを修復する」ということについて掘り下げていきます。

時には、実際に何が起こっていたのかを明らかにして、生徒が過去の出来事や誤解から「きっとこうだ」と思い込んでいたことを解消しただけで問題が解決してしまうこともあります。もし、それで問題解決に至らない場合は、前に進もうとしている被害者が何を求めているのか明らかにしましょう。

それは、謝罪の手紙だったり、対峙して謝ってもらうことだったり、過ちを正すためのほかの方法であったりします。この点については、「ハック3」（損なってしまったことを修復する）で詳しく説明します。

また、同じような過ちを起こさないために、「どうしたらよいか」という計画を立てることもよいアイディアと言えます。あなたは、それを当事者である生徒自身に考えてもらいたいところでしょう。たとえば、「もし、私のものの見方や問題として捉えていることに、『おかしいな』と感じることがあったら率直に言ってね」などと声をかけながら進めていきます。生徒には、肯定

的な言葉で考えてもらうようにしましょう。そうすると、自ずと行動計画も肯定的なものになります。

ステップ7　癒しのある信頼関係をつくり出す

さて、いよいよ再びすべてを統合して前に進むときです。関係の大切さと、肯定的な形で問題が解決できたことの喜びを強調してください。より多くの生徒が関係修復のミディエイションを体験すれば、あなたのクラスはより肯定的な雰囲気に満たされることでしょう。

課題を乗り越える

ミディエイションには忍耐を要しますが、その忍耐は、生徒の問題行動の予防と改善を目的とした「投資」であると捉えることが大切です。ミディエイションで使うスキルは多様かつ多目的なので、生徒の生活におけるほかの場面にも活用することができます。しかし、そうは言っても、誰もがそのように理解し、大切さを認識してくれるわけではありません。たとえば、教師や生徒から次のように抵抗される可能性があります。

抵抗１　**「これは私の仕事ではありません」**

あなたが学校でどのような役割を果たしていようとも、生徒を成功に導くことは間違いなくあなたの仕事です。良好な学校文化とは、相互のよい人間関係、全員参加とコミットメントから生まれます。問題が生じたときは、とくにそうなります。オープンなやり取りを基本とする問題解決の方法を身につけるために時間を使うことは、誰にとってもメリットがあるのです。

抵抗２　**「どこにそんな時間があるのですか？」**

この質問の答えとしては、授業前、授業後、昼食時、あるいは翌日など、いずれもが適切な答えとなります（あまり先送りせず、ベストを尽くすことが大切です！）。

生徒の話をよく聴いて、今後、彼らが十分に力を発揮できることを目指して、あなたが時間をかければかけるほどよい成果が表れてきます。もし、問題が起こったとき、根本的に解決するための時間をかけずに終わり、今後また同様の問題が起こることへの予防策を立てておかなかったら、のちに同じ問題が再び起こり、結局は余計に時間をとられることになります。ミディエイションは、驚くべき成果をもたらしてくれる大きな投資なのです。

抵抗3 「これがうまくいくとは思えません」

あなたは、次のように思っているかもしれません。

「生徒たちは、本心からそう思っていなくても、そう思っているようなふりをすることができます。だから、結果的に何も変わりません」

実際のところ、そうかもしれません。しかし、絶対にそうであるとはかぎりません。彼らが積極的に取り組むようにするための鍵は、あなたが握っているのです。生徒の主体性を引き出すためには、「あなたは怒っているの？」や「あなたはまた同じことをするつもりなの？」といったクローズド・クエスチョン（閉じた質問）を使わないことです。その代わりにオープン・クエスチョン（開いた質問）を使って、「あなたの今の気持ちはどう？」とか「もし、彼女とまず話をするとしたら、どんな感じになると思う？」などと問いかけるのです。

私たちはミディエイションを取り入れてから一〇年以上になりますが、自分が傷つけてしまった相手の前で何かをごまかそうとすることは、生徒にとっては極めて困難であるということを経験上知っています。

生徒がどのように思っているのかに焦点を当て、思いを語ってくれたときには生徒を認めて、ほめてあげてください。相互に言葉を交わすことが大切だと伝えるのです。最初からスムースにはいかないかもしれませんが、じっくり取り組んでください。生徒がどのように思っているのかを、あなたがしっかり捉えることができれば、生徒のほうも「気持ちが通じた」と感じますので確実に変化が起きます。

ハックが実際に行われている事例

授業開始のチャイムが鳴る前に、マディーが教室に急いで入ってきた。彼女がノートパソコンを開いたとき、大きな笑い声が聞こえた。マディーが後ろを振り返ると、デヴォンが彼女をにらみつけ、「ふん」というように薄ら笑いを浮かべた。その様子が見えたので私はさっと雰囲気を変えて、今日の授業で期待されることをクラス全体に確認することにした。(10)

「今日は細胞の種類について学びます。前向きに取り組んで、安心安全で気持ちのよい環境を保って、教室を上手に活用して、みんなで授業の約束を守りましょう。よい授業にしましょうね！」

一五分くらい授業を進めたころ、誰かが「あんた、これがかわいいって言うの？」と叫ぶ

---

(10)　ここで述べられている「期待」については「ハック4」を参照してください。

のが聞こえた。振り返ると、マディーがデヴォンの座っているところへ向かっていくところだった。デヴォンは立ち上がろうとしたが、マディーがそれを押し戻して、彼女を突き飛ばしてしまった。私は急いで二人のところに行ったが、すでに遅かった。二人は、殴りあい、怒鳴りあい、机はひっくり返り、私も胸を殴られてしまった。事態は約二分後に収束した。

二人を引き離すと、私は学生部長を呼んで[11]、二人に付き添って校長室まで連れていってもらえるようにお願いした。そしてすぐ、残りの生徒たちに「サークルになって」と声をかけた[12]。みんなが椅子だけを持ってサークルになる。

私は、みんなと一緒に何が起こったのかを振り返り、不安を和らげて雰囲気をリセットするために、生徒同士が思っていることを率直に話し合える場としてサークルを用いている。サークルをしなければ学びは起こらないだろう。

私は、クラスの「話し手のしるし」(小さな動物のぬいぐるみや軟らかいボールなど、生徒たちがサークルになったときにそれを回したり、次の話し手にわたしたりできるもの)を取り出して、次のように言った。

「とてもがっかりしているの。さっきのようなケンカは、私たちが目指す問題解決の方法とは違っているわね。みんなが巻き込まれてしまったことも残念だったわ」

その後、サークルでは、さっきのケンカのことで発言したいと思う生徒が順番に話をした。

そして、もう誰も話すことがなくなったというところでサークルを終了して、授業に戻った。その間、デヴォンとマディーの保護者が学校に呼ばれて、それぞれ家に帰る手続きがとられていた。

授業が終わってから私は学生部長と相談し、もめた二人にはミディエイションを提案してはどうか、ということになった。

ミディエイションの時間は、二人が教室に戻る前ということで、翌日の始業時間の三〇分前に設定した。私は二人と今日の出来事について話し合うために、それぞれに電話をした。二人とも、取った行動は問題への対応の仕方としては間違っていたと認めて、もめ事の解決に向けてミディエイションへの参加に同意した。

私は、学生部長の了解も取り付けて、彼女たちがミディエイションで今回のことを解決できれば二人一緒にクラスに戻れることを伝え、ミディエイションへの参加の後押しをした。逆に、ミディエイションで解決できなかったら、二日目も停学のまま過ごすことになるということも告げている。

---

(11)　校則や教務関係の事務にかかわる役職の教職員です。
(12)　サークルについては「ハック２」を参照してください。

彼女たちにとってミディエイションは、停学を一日だけにして、損なってしまったことを自分たちで修復し、二日目の停学を受けずに学校に戻ることができる方法となる。

マディーとデヴォンは、翌朝、授業開始のチャイムが鳴る八時一五分よりもかなり前の七時三〇分に登校してきた。私は、マディーがより感情的になりやすい生徒であることを知っていたので、彼女にはドアの近くに座ってもらった。そして、カンファランス(13)を次のように言ってはじめた。

「今回の問題を解決するために集まってくれてありがとう。昨日起こったことは許されることではないし、同じことが繰り返されないようにしなければなりません。ミディエイションの最中に感情のコントロールができなくなったら部屋を出ることができます。外にある椅子に二分間座って、落ち着いたと思ったら再びミディエイションに参加してください。もし、部屋に戻れないと判断したら、その時点でミディエイションは終わりとなり、二日目も停学となります。また、お互いに対して常に敬意を払うようにしてください。最終的には、このミディエイションにおいて責任をもっているのは私であることを二人とも理解しておいてください。発言は、一度に一人しかできません。話したいときには手を挙げてください。このミディエイションでは、今回の出来事にかかわったすべての人から話を聞きたいので、自分の考えを発言する機会がみんなに与えられています。繰り返しになりますが、このミディエイションがうまくいかなければ、二日目も停学になることを理解しておいてください」

二人から合意を得て、私はさらに次のように続けた。

「それでは、マディーからはじめてください。あなたとデヴォンの間で何が起きていたのか聴かせてください。不満がいつ募りはじめたのか、思い出せるかぎりさかのぼって話してください」

マディーが、「事の起こりは、デヴォンが自分のことをスナップチャット(14)に投稿したことからはじまった」と言った。そのスナップチャットには、「これはお代わりではありません。一杯目です(15)」と書かれていた。マディーは、「これは自分について書かれていると思ったので、何かを書いて返した」と言った。そして、スナップチャット上で二人は言い争い、中傷しあい、ケンカとなった。

---

(13)　ミディエイション、カンファランス（話し合い）、ミーティングなどの言葉が互換性の高い言葉として使われています。いずれも、「指導する／される」雰囲気や関係ではなくて、参加者が対等な関係でそこにいるニュアンスが強いです。そこでは、主役が生徒たちに設定されています。

(14)　スマートフォン向けの写真共有アプリケーションです。

(15)　マディーが食事をしている様子が写っている画像にこのようなキャプションをつけて、彼女の食欲をからかったような場面と思われます。

またマディーは、タイレルという男の子について、デヴォンと付き合いはじめる前には自分と付き合っていたということも口にした。

マディーが感情を高ぶらせて、次のように言った。

「タイレルと私はすごくうまくいっていたのよ。私は、何であなたがタイレルと付き合っていることを私にわざわざ見せつけて、嫌な気持ちにさせようとするのか、本当に分からない！」

デヴォンが発言しようとしたが、私はミディエイションの進め方を尊重してもらうためにそれを静止して、「発言したいときには手を挙げる」ということを思い出してもらった。デヴォンが手を挙げてから発言した。

「私は、あなたが彼に話しかけようとしているのが許せないの。あなたが、彼とまだチャットでやり取りしているのを知ってるのよ。私はバカじゃないんだから」

「違うわ、彼のほうが私に話しかけてきたのよ」とマディーが応じた。「私は、彼に答えただけ。あなたは、彼がどんなメッセージを書いて送ってきたか知らないでしょう」

その後、マディーとデヴォンはタイレルが何と言ってきたのか、それについてどう思っているのかについて話し合いをはじめた。このような話し合いこそ私が目指しているもので、感情を伴ったオープンな話し合いである。

一〇分後、私が次のように言った。

「なんだか、今回のことはすべてスナップチャット上で起こった誤解が原因だったようね。二人がそのことを話し合えてよかったわ。ほかに気になっていることとか、話しておきたいことはありますか？」

マディーが手を挙げた。

「私は、あなたとリンズィーとクレアとレベッカが、なぜ私を笑いものにしたのかを知りたい」

デヴォンが笑って言った。

「なんですって⁉　違うわ、あなたのことを笑っていたんじゃないわ。リンズィーがジェフの写真を見せてくれただけよ。あいつは、いつも彼女に忍び寄ってくるから」

二人がそろって笑った。

ミディエイションの目標を再び二人と共有するために、私は次のように言った。

「二人とも、今日はとても素晴らしい話し合いができたわね。もう一度尋ねたいんだけど、ほかに言いたいことはない？　もしなければ、今回のことは終わりにして、みんなで前に進むことにしましょう」

「あの、ごめんなさい。スナップチャットであんなことを言わなければよかった。そうすれば、こんなことにならなかったと思ってる」

マディーの言葉に、デヴォンが目に涙を浮かべながらつぶやいた。

「私も……ごめんなさい、ほんとに。まったく馬鹿みたい」

二人と話し合ったことを私が簡単に要約し、「問題はすべて解決しましたね」と最後に言った。そして、もし今後同じようなことが起こりそうになったら、二人でよく話し合うことを強調した。そのコミュニケーションの取り方については、私からいくつか提案をし、その際、キーボードは助けにはならない[16]ことも付け加えた。

最後に私は、二人のケンカを見たのは誰だったかと尋ねた。それに対してデヴォンが「みんな！」と答えた。

「そうね、クラス全員が見たわね。マディー、二人のケンカはみんなに何か影響を与えたと思うかしら？」と、私が尋ねた。

「みんなはケンカを見て怖いと思ったかも。たぶん、授業をメチャメチャにしてしまったし、それで怒っているかもしれない」とマディーが述べた。

「確かに、そのとおりね。それが分かるのは素晴らしいわ。では、クラスのみんなとの関係を修復するために何ができると思う？」と、私は尋ねた。

デヴォンとマディーは、クラスのみんなに話す要点をいくつか考えて、教室で激しく言い争いをしてしまったことについてみんなに謝ることにした。また、授業の邪魔をしてしまったことに対しては、私（先生）にどのように謝ればいいのかについても二人で話し合っていた。

その後、この二人が再びもめ事を起こすことはなかった。それどころか、この二人はとても仲のよい友だちになった。ほかの多くのミディエイションと同じく、このミディエイションも涙で終わることができた。

かかわったすべての人の感情と共感に焦点を当てることが大切です。ミディエイションには忍耐が必要で、こちらから押し付けて進めていくことはできません。しかし、ミディエイションを終えてみると、あなたはミディエイションがなぜもめ事に対応する方法として優れているのかについて実感することでしょう。

(16)　今回のもめ事が画面上でのやり取りが引き起こした問題だったことを暗に示しながら、直接話し合うことの大切さを強調していると思われます。

建設的な場さえ与えられれば、生徒たちは自分で問題を解決することができます。ミディエイションは、まさにそのような場となります。生徒には、好ましい判断や解決策を考える際にもっとも大切なことは人間関係である、ということを教えてください。

ミディエイションを行う場合はオープン・クエスチョン(17)を使って進めましょう。共感することに焦点を当て、感情面のリテラシーを重視してください。問題に肯定的に対応できる方法を生徒が学べるように手助けし、ミディエイションを根底で支える基本的な原則を生徒が習得できるように支援しましょう。

その基本的な原則とは、「問題行動に至ったきっかけ」、「問題行動によってどのようなことが引き起こされたか」、そして「問題行動の根底にある要因」を明らかにすることです。

(17) 過去二〇年来、リテラシーの概念が大幅に広がりつつあります。従来の狭い「リテラシー」は読み書きに限定されていましたが、今はそれにメディアやテクノロジーはもちろんのこと、感情を含めたSEL（社会性と感情の学習）やEQ（IQ＝知能指数に対して、心の知能指数ないし感情指数）などまでが含まれたものとして捉えられるようになっています。SELについては、一八七ページの注を参照してください。

ハック2

サークルになりましょう

問題が起こったところで
すぐに対応する

**難問は、それを解くのに
適切かつ必要なところまで分割せよ。**

(ルネ・デカルト)*

(*)(René Descartes, 1596〜1650) フランスの哲学者、数学者。

問題――教室で起こった問題がクラスの中で解決されていない

クラスの雰囲気づくりで大切なことは、バランスがとれていて調和していることです。クラスの雰囲気には、生徒同士の人間関係が大きく影響します。生徒は、「自分の行動」と「自分の行動が他者に及ぼす影響」に対して責任をもたなければなりません。しかし、問題行動によって教室から別の場所に移動させられてしまった生徒は、みんなとの関係に影響を及ぼしてしまった自らの行動に責任をもつという機会が遠のいてしまいます。それどころか、「問題行動は教室から出られる方法だ」と学びはじめる生徒が出てくるかもしれません。

たとえば、生徒がみんなの前で音読したくないとき、どのようなことが起こるでしょうか？　生徒は、教室を出る方法を知っているのです。あるいは、以前付き合っていたガールフレンドが今も一緒のクラスにいて、気分が落ち着かないと思った生徒はどうするでしょうか？　ご推察のとおりです。生徒たちは、そのような状況から抜け出す方法を知っているのです。

日々発生する生徒の問題行動は、あなたの授業を止め、あなたを窮地に追い込みます。あなたは、生徒たちの注目が集まるなか、迅速かつ的確に問題に対応しなければならないというプレッシャーに迫られます。もっとも迅速かつ簡単な解決策は、「校長室／職員室へ行きなさい」と言うことです[1]。

何といっても、あなたはクラス全体の生徒に授業を行い、新しい課題のプリントを配り、出欠をとったりするなど仕事が山積しています。その事情はよく分かります。しかし、生徒が何か間違ったことをしてしまったときにクラスから追い出してしまうだけなら、その生徒に対して、クラスでの行動を改めてもらうように期待することはできるでしょうか？

生徒が職員室や校長室から、または校内での停学から戻ってきたら、問題行動についてはそれなりに取り扱われたということでしょう。しかし、クラスでの人間関係については何も変わっていません。その生徒と教師、あるいはその生徒とクラスのみんなとの間において、緊張関係がそのまま残っている可能性があります。問題行動を起こした生徒がクラス全体に及ぼした問題についてはまだ対応していませんし、クラスの雰囲気は損なわれたままです。つまり、クラス全体としてはきわどい緊張状態にあると言えます。そのような緊張状態が続けば、さらなる問題が起こることになるでしょう。

では、どのように解決したらよいでしょうか？　それは、「クラスの中で」修復することです。

（1）　問題行動があれば、校長室や職員が待機している部屋へ生徒を送り、管理職ないし担当職員がその対応にあたるという方法が欧米の学校では一般的です。管理職が常に問題行動の対応に追われているという状態も少なくありません。

しかも、クラス全員が参加して、修復された、良好な雰囲気がクラスにしっかりと定着するようにするのです。

ハック――サークルになりましょう

教師として私たちが最初にしなければならないことは、「教室から外に出られる」という簡単な抜け道を生徒に与えないことです。多くの教育委員会が、「生徒を教室に留まらせる」という目標を掲げています。学んだり、経験を積んだりできる場である教室に生徒を留まらせるのです。生徒が教室にいれば、出席率はより高くなり、テストの点数もよくなり、教室の雰囲気もポジティブなものになります。問題行動をしたからといって生徒を職員室や校長室に送り出してしまうと、それらが崩れ去ってしまいます。

安易な抜け道を生徒に与えるのではなく、サークルになることを含めて、問題行動に対応する新しい方法を探求しましょう。サークルというのは、生徒たちへの「期待」をクラス全体で共有して、クラスの生徒が教室から姿を消してしまわないようにするための方法なのです。

言葉からも分かるように、サークルとは輪になって集まることです。クラス全員がお互いに見えるように輪になって座り、オープンで率直なコミュニケーションをします。サークルは、安全かつサポーティブな場です。そこでは、誰もが取り扱いの難しい話題について自由に話し合い、多様性に対処し、合意形成を図ります。何よりも、サークルでは誰もが平等であり、責任を分かちあうことになります。[2]

サークルは、問題が起きたときだけに使うものではありません。「チェックインのサークル」として、一日のはじまりに使うこともできます。[3]この「チェックインのサークル」においても、すべてのサークルと同じく、生徒たちは思いや考えを共有し、互いに話を聴き合うのです。次に、サークルの簡単な手順を紹介します。

・クラス全員が輪になって座ります。
・教師は権威者としてではなく、ファシリテーターおよび生徒の発言の聞き手として輪の中に入ります。
・最初は、チェックインの質問[4]からはじめましょう。たとえば、「昨日、オンラインで読んだも

（２）日本では「サークルタイム」という名前で取り入れられています。
（３）飛行機やホテルにチェックインすると言いますが、ここでのチェックインは、授業がはじまる前に生徒が今感じていることや、授業への意欲などを率直に話して共有することを指します。クラスのみんなの状態や興味などを知ることができ、相互のコミュニケーションが深まります。

ので面白かったものは何ですか？」などです。

・もし、必要と感じれば、緊張状態を取り除くためにマインドフルネスの簡単なエクササイズを付け加えましょう。生徒たちの緊張を和らげ、意識を「今、ここ」にもってきます。たとえば、次に挙げるようなものがマインドフルネスのエクササイズとなります。(5)

マインドフルな呼吸――生徒に、鼻からゆっくり息を吸って、口からゆっくり吐くように言います。それぞれ六秒間かけて行います。そして、呼吸をゆっくりと続けながら生徒に、「あなたの呼吸と心臓の鼓動に意識を向けてください」と指示します。

マインドフルな気づき――教室の中を見わたして生徒に、「ありがたい」とか「素晴らしい」と思えることを何か一つ考えてもらいます。寒い日なら、暖かい教室の中にいられてうれしいとか、部屋の電気が明るいのでみんなの顔が見えてありがたいとか、手の消毒液があってみんなの健康に役立ってよかった、などです。二〜三分でいいので、彼らを取り巻いている世界と生徒を改めてつなげる時間を提供しましょう。そうすると、生徒たちはサークルの中で落ち着いた気持ちになり、前向きに一日をスタートするようになります。

マインドフルな感謝――生徒に、「日々の生活のなかであなたが感謝したいこと」を一つずつ発表してもらいます。発表を促す質問としては、「今日あなたが感謝したいことは何ですか？」、「あなたを元気づけてくれたのは誰ですか？」、「あなたが達成できたことで誇りに思っていることは何ですか？」などです。少し立ち止まって、生徒たちが肯定的な面を振り返ることで、クラスの雰囲気が前向きなものになります。

・最初は、毎朝、少なくとも五分間のサークルからはじめて、生徒が徐々に慣れてきたら時間を増やしていきましょう。もちろん、ほかにしなければならないことがあるときは時間を減らすとよいでしょう。

・サークルで発言したくない場合は、常にパスができることを伝えてください。関係修復のアプローチは、常に「尊重しあうこと」を基本にしていることを忘れないでください。

次に紹介する「関係修復のサークル」は、クラスで気になる問題などに対応したいときにとても有効なツールとなります。

（４）「チェックインの質問」とは、「チェックイン」の際にファシリテーターがする質問のことで、本題とは関係のない内容、たとえば日常的なことなど何でもかまわないとされています。場を和ませて話しやすくすることが「チェックインの質問」をする目的です。会社の会議や教師対象の研修会などでは、より意図的にこの「チェックインの質問」を設定し、あとの本題につながるようにすることもあります。

（５）マインドフルネスでは、「今、ここ」に意識を向け、自分の現在の状態をありのままに受け止めることが基本となっています。マインドフルネスについては「ハック６」を参照してください。

関係修復のサークルの手順

・朝の「チェックイン・サークル」と同じように、生徒にサークルになるように言います。
・教師は、権威者としてではなく、ファシリテーターおよび生徒の発言の聞き手として輪の中に入ります。
・まず、ファシリテーター（ここでは教師が務めています）が、クラスの問題やもめ事に関する主な要因をみんなに伝えます。
・教室の雰囲気が落ち着いたら、サークルでの「期待される行動」(6)について確認しましょう。たとえば、「スマートフォンはしまっておいてください。『話し手のしるし』(7)を持っているときだけ話をすることができます。今回は、授業に集中できていないという問題に焦点を当てます。誰か、話したい人はいますか？」などと進めましょう。
・生徒たちが問題について話しはじめたら、次のようなフォローアップの質問を投げかけてみましょう。「そのことで、あなたはどんな気持ちになりましたか？」や「なぜ鉛筆が飛んできて、あなたは腹が立ったのですか？」などです。相互に説明する責任が果たせる機会を生徒に提供し、問題を解決する方法を話し合ってください。話し合う機会を与えて、生徒の気持ちがスッキリしてからその日の授業に向かいましょう。
・生徒から出される意見が繰り返しになってきたり、意見がなくなったと感じるようであれば、サークルを終わりにするときです。

・サークルを終了する前に次のステップについて話し合い、生徒たちが解決に向けて決めたことを一緒に振り返って確認してください。

・サークルが終了したら、すぐに普段の位置に椅子を戻すように生徒に伝えましょう。

・授業に戻る前に、当日の授業内容の見通しと、授業において生徒たちに期待されることを共有してください。

実践のポイント

「終わりのサークル（授業の最後に行うサークル）」は、サークルをよく使う経験豊かな教師にとってはクラスのコミュニティーを強化する方法となります。ひとたび、あなたと生徒たちがサー

（6）ここで言う「期待」には、ルールや規則に代わる大事な意味があります。「ハック4」を参照してください。

（7）二八ページを参照してください。

サークルは、生徒たちが協力して意見を出しあって、問題に向きあう機会を提供できるとてもパワフルなツールです。それは、一日を前向きにスタートするためにも使えますし、問題解決に向けて前向きなコミュニケーションを図る力も高めることになります。

クルを使いこなせるようになったら、誤解や疑念、怒りなどを取り除くとき、また、はっきりさせたいと思ったときには、生徒たちが主体的にサークルをもてるようにしましょう。そこで挙げられる問題はあなたが気づいていなかったものかもしれません。生徒たちが「終わりのサークル」を主体的に行うときの概要は、次のようなものとなります。

終わりのサークルの手順

・生徒は、授業の最後の五分間に、いつでも「終わりのサークル」が招集できる。
・サークルを招集した生徒がファシリテーターになる。教師はサークルの一員として参加し、必要があれば話し合いを助け、相互に「期待」することを維持する。
・ある生徒がクラスに対して苦情を述べたときは、ほかの生徒にそのことについてのコメントを求める。たとえば、キャンディという生徒が、「誰かが私のプリント入れを盗んだのはよくないことです。私にとって、とても大切なプリントが入っていました」と言ったら、それに呼応する形で別の生徒が、「僕のイヤホンも盗まれました。お母さんが僕のために買ってくれたものなので、返してほしいです」と発言する。
・問題解決に向けて、サークルのほかのメンバーが提案をもっていないかと話を向ける。「私たちは互いに助け合う必要があります。もし、何かあるなら、ぜひ発言してください」と言ったとすると、別の生徒が、「え〜と、ハンナがあなたのプリント入れを持っていたように思います。彼女にそれを貸したのですか？」と言う。

・サークルは、授業が終わる前に終了しなければならない。ファシリテーターは、問題と出された改善策を改めて確認し、振り返る。

・翌日、教師は前日のサークルを振り返り、改めてクラスでの「期待」を共通理解する。または、前日のサークルをふまえて、「チェックイン・サークル」の話題を提示する。

あなたが明日にでもできること

サークルは、生徒たちが協力して意見を出しあって、問題に向きあう機会が提供できるとてもパワフルなツールです。それは、一日を前向きにスタートするためにも使えますし、問題解決に向けて前向きなコミュニケーションを図る力も高めることになります。あなたのクラスで、サークルをどのように使うか計画してみましょう。初めてサークルをするときには、次に紹介するようなステップを使ってみてください。

安心安全なスペースをつくる——生徒たちは、お互いが見えるように内側を向いて、輪になって座ります。机があってもいいですし、椅子だけでもいいです。生徒たちが安心安全に感じられるなら、どのような配置でもかまいません。

生徒たちが、サークルの中で安心していられることが大切です。そして、サークルは、何かを判断したり評価したりする場でないことも確認してください。またサークルは、個人の思い込みや主観的な発言から自由になり、身体的な安全が守られ、安心できる場でもあります。もし、生徒がこれらの「期待」を守れない場合は、サークルに参加することができません。

このように約束することがどれだけ効果を発揮することにつながるかを知って、あなたは驚くことでしょう。生徒たちはすぐに、サークルの中にいることでいかにエンパワーされるかを学んでいきます。[8]

（ヒント　潜在的に身体的な問題を感じる場合はサークルがうまく機能しません。そのときは「ハック1」に戻ってください。）[9]

「期待」を根づかせる——サークルの中で発言権があることを可視化するために、話し手が何か手に持てる「話し手のしるし」[10]を用意してください。これがあると、みんなが同時に話すことが防げます。さらに、「事実だけ」を話すように徹底してください。生徒たちは問題についてオープンに話し合ってよいのですが、その際、肯定的な「私メッセージ」を使うように言います。これについては、一九二〜一九三ページで詳しく扱います。

コミュニケーションを促進する――オープンな対話や前向きな話し合いをほめて、一緒に共有する参加者のみんなに感謝を伝えましょう。たとえば、「まあ！　教室に来るのが嫌だったの。そのことをみんなの前で話すのはとても勇気がいることだったでしょう。話してくれてありがとう。あなたに感謝します」というようにです。肯定することは、積極的に取り組もうとする意欲につながります。

共感を促進する――共感が大切なことであるという意識を育むために、生徒が共感を示したときはほめるようにしてください。感情を認識できるようになると、感情のリテラシーが向上し、サークルの中で共感の輪を広げるのに役立ちます。もちろん、生徒がほかの場で共感を使うときの練習にもなります。

---

(8)　エンパワーする、ないしエンパワーメントは、「力を与える」や「権限を委譲する」と訳されることが多いですが、「人間のもつ本来の能力を最大限にまで引き出す」という意味です。

(9)　あるいは、精神的にも？　要するに、言いたいことが言える環境ができていないということです。

(10)　ここでいう「事実」には、今起こっていること（または、そのときに起こったこと）として、出来事も感情も含まれます。生徒が自分の「思い」を語ってくれることは尊重しつつ、生徒が自分以外の人がこう思っていたのではと勝手に決めつけていったりする場合は「事実」ではなく推測なので丁寧に除いていきます。

サークルを終わりにする――話し合いが終わりに近づいたと感じたら、何が話し合われたのかについてあなたが要約してください。もし、話し合いのなかで問題を修復するための計画と次のステップが決まっていれば、そのことについても説明します。そして、全員に対して参加してくれたことについて感謝します。

サークルを終了するとき、クラスがコミュニティーであることを改めて意識できるような言葉を簡単に述べると、常に素晴らしいクロージング（締め）のコメントになります。

完全実施に向けての青写真

ここで紹介する青写真は、素早くサークルを行うためだけのものではありません。すべての問題に対応することを目的として、サークルが活用できるようになるためのステップと捉えてください。

ステップ1　サークルを習慣にする

生徒に求める言動をモデルで示すこと、前向きな言動を積極的に肯定し、奨励することに加えて、あなたのクラスでよい習慣を育むためにサークルを活用してください。問題行動や問題にクラスが対応するとき、生徒は何が期待されているのか正確に知っている必要があります。それが、問題に対応する基盤となるからです。

ステップ２　サークルを招集する

あなたは、これまで期待を説明したり、問題行動を軌道修正したり、問題行動に対する措置を与えたりしてきたことでしょう。それでも問題が解決（改善）しなかったら、そのときこそサークルを行うときです。

サークルになるように生徒を招集する――「サークルになりましょう」という声かけで、生徒たちは椅子を持って輪になって座ります。最初は、あなたがサークルを招集したほうがよいでしょう。将来的には、生徒同士が責任を果たしあえるように、自分たちで招集できるようにエンパワーするのがよいでしょう。

時間の枠を設ける――問題に対応するために、時間をどれだけ費やすことが適切かを決めてください。時間の枠を設けておかないと、生徒たちは勉強から逃れるためにサークルを使うようになります。そうなると、会話が生産的なものではなくなります。授業の流れや問題の重大さなどによって費やす時間を決定します。二分から一〇分を目安にしてください。

問題について話し合う――「話し手のしるし」を使って、話し合う問題について説明します。「ハック1」で紹介したミディエイションの原則をふまえながら、お互いを尊重して話し合うこと、そして問題解決に焦点を当てて考えることを奨励します。

決定した行動計画を要約する――サークルの最後の段階は、自分たちが前進するために何をしたらよいのかについて話します。たとえば、「散らかしてしまったあとの片づけは特定の生徒がすればよいのか？」、「謝罪の手紙を書けばよいのか？」、「放課後に居残りをして備品の整理整頓をすればよいのか？」などです。もし、問題がクラス全体に及ぶ場合は行動計画もクラス全体で行うことになります。一例を挙げると、「今後はクラスの座席を教師が決めなければならないのか？」などです。

話し合いにクラス全員を巻き込むということは、解決するためにもクラス全員を巻き込むということを意味します。そして、生徒たちは、その解決策（行動計画）を実行に移すことにも責任をもつことになります。

ステップ3　フォローアップ

サークルは、損なわれてしまったことを修復するために生徒が何をしなければならないのかについて明らかにします。話し合いの要点と計画を要約し、生徒全員に参加してくれたことへの感謝を述べます。クラスの雰囲気をよくするためにかかわってくれたことへの感謝は、相手を尊重する気持ちとコミュニティーを築くことに役立ちます。

サークルが終わったあとは、授業にスムースに戻れるよう、生徒たちに期待する内容を確認します。たとえば、「このあとは重複文の学習に戻ります。自分の席に戻ったら本を開いてください」といった具合です。

問題を起こした生徒たちにはクラスの規範に従って何らかの対応が必要になるでしょうが、それは授業が終わってから、当事者とのやり取りのなかで話し合うようにしてください。

課題を乗り越える

サークルは、クラスをモニターする「見えざる手」の一部と捉えることもできます。これを実施することによる成果はすぐに表れるものではありませんし、労力がかからないわけでもありません。つまり、サークルを行うには時間とエネルギーが必要だということです。その時間は学校においてもっとも足りないものですから、それを懸念する声が上がることは避けられないでしょう。

懸念1 「サークルは授業時間を奪います」

確かに、サークルをすると時間をとられます。サークルをする際にもっとも耳にする批判と言えます。しかし、素晴らしい点としては、サークルがいつ行われるか、いつ終わらせるかを、あなたがコントロールしているということが挙げられます。事前にアラームをセットしておくことで、授業に戻らなければならない時間を設定することもできます。

サークルは、クラスに前進する力を与えます。当初は、時間を使って練習する必要がありますが、生徒が慣れてくると時間を短縮することができます。教師として、あなたは優先順位を検討して、サークルに時間を費やす価値があるのかどうかを判断しなければなりません。授業とのバランスを見いだしてください。

もし、サークルをはじめるのなら、間違いなくあなたのクラス文化の一部となり、問題行動も自ずと解決しはじめることでしょう。

また、問題行動を起こしている生徒に対して教師が「見つめて注意を促す」ことがよくありますが、その生徒が問題行動を起こそうとするとき、ほかの生徒たちが見守るような眼差しを向けていることにあなたは気づきはじめるでしょう。これによって、あなたのかかわりを必要とせずに問題行動は止まるのです。まさに魔法と言えます！

懸念２「サークルは時間がかかりすぎる」

クラスの雰囲気づくりと学校文化の創造に時間とエネルギーを使っても、一朝一夕に劇的な成果がもたらされるわけではありません。しかし、その時間は、クラスの雰囲気、生徒たち、そしてあなたが将来的に対処しなければならない数々の問題行動のことを考えれば価値があります。

年度の初め、私たちは週に一、二回のサークルからはじめています。一学期の終わりには、二週間に一回程度に減っています。そして、その後さらに減ります。実際に行ってみると分かりますが、サークルを行う回数が減るということは、生徒たちがこのプロセスから学び、不必要な問題行動を起こさないようになったという証明となります。

懸念３「これは、集団に罰を与えることではないのですか？」

サークルを行うことは、学級や学校の文化を協力してつくり出すために、それぞれの時間とエネルギーを使うことを意味します。問題行動に対して、生徒たちが協力して取り組むことを奨励しているのです。同時に、極めて強固なクラスや学校のコミュニティーもつくり出します。

サークルが行われると、クラスは自己責任と効果的な行動を促進するようになります。サークルは罰ではなく、すべての生徒が自分の「声」を聴いてもらえ、行動を改善するためのチャンスが提供される枠組みなのです。

ハックが実際に行われている事例

メイナード先生は、頭の近くに鉛筆が勢いよく飛んできたとき、ホワイトボードのほうを向いていた。生徒たちのほうを振り返ったとき、ジェイムズがきまり悪そうな表情をしているのに気づいた。メイナード先生は、ジェイムズを教室から出すことを考えた。なぜなら、もう少しで鉛筆が当たるところだったからだ。

ジェイムズは、自分のしたこととの結果を学ぶ必要がある。もし、ジェイムズをこのまま教室に留めおいたら、次の火曜日までにクラスの半分で蛍光ペンなどが飛び交うことになるだろう。即刻、適切に対応しなければならない。

メイナード先生がクラスに呼びかける前に、ジュリアという女生徒が「サークルになりましょう」と言い、クラス全員が椅子を持って輪になりはじめた。

「サラ、タイム・キーパーをお願いできる？　時間は二分にしましょう」とジュリアが言って、クラスで決めた「話し手のしるし」として、伸び縮みするスマイルマークが書かれたボールを手にした。そして、サークルの話し合いを次のようにはじめた。

「私には誰が鉛筆を投げたのか分からないけど、話を聴こうとしていたときに鉛筆が当たりそうになったのではっ、と、しました。私は数学が嫌いだけど、解かなくちゃいけないことは分かっているから……。今回の問題の責任は誰にあるの？」

何人かの生徒がおずおずとジェイムズのほうを見た。ジェイムズはというと、頭を下げて顔が見えないようにしている。

よく発言をする生徒が手を挙げ、ボールを受け取って、「もう少しでメイナード先生に鉛筆が当たるところだったのでびっくりしました。鉛筆を投げるのはよいことじゃないです」と言った。そのあと、二〜三人がこの問題解決のサークルで発言し、二分が経った。すると、サラが言った。

「時間です！　私たちは、次にどのように行動しますか？」

「鉛筆を投げた人は、メイナード先生とクラス全員に謝罪の手紙を書くといいかなと思います。メイナード先生、どうですか？」と言ったのはジュリアである。

「よい提案ですね。みなさん、いいですか？　それでは、多項式のワクワクするような問題に戻りましょう」と、メイナード先生は答えた。

生徒たちは、自分の椅子を持ってそれぞれの机に戻り、メイナード先生は授業を再開した。授業のあと、メイナード先生はジェイムズをサポートするために彼のところへ行って声をかけた。

「ねえ、ジェイムズ君。安全で整った環境を保つことは、クラスの期待の一つだよ。鉛筆を投げることは、その期待にそぐわない行動だよね。みんなに謝る手紙を書けるかな？　月曜日までに書いて持ってこられそう？」

ジェイムズはうなずいて、次の授業に向かった。

翌朝、彼はみんなへの謝罪文を書いて持ってきた。

サークルは、一日を前向きにはじめるためにも、変化を確実に起こすためにも、さらに安心安全な雰囲気のなかでクラスの問題に対応するためにも使えます。コミュニティーを大切にするといった環境のなかで、相互の関係とコミュニケーションの価値を促進します。

サークルは、サポーティブで、誰かにレッテルを貼るのではなく、微妙なテーマについても話し合うことができるほか、互いの違いを克服して合意形成ができる場となります。あなたのクラスでこれが習慣となれば、問題行動は減り、生徒の間に共感を増やすことになるでしょう。

ハック3

損なってしまったことを修復する

自分のとった行動の責任を直接とることを生徒に教える

生徒の感情面のニーズというコップを
愛でいっぱいに満たすことに時間を費やすか、
満たされていない彼らのニーズが引き起こす問題行動の
対応に時間を費やすか。どちらにしても、私たちが
自分たちの時間を使うことに変わりはありません。

（パム・レオ）*

（＊）（Pam Leo）『つながる子育て（Connection Parenting）』（未邦訳）という本の著者です。

問題——罰を与えてもうまくいかない

職員室への呼び出し、居残り、停学措置には共通する欠点があります。これらはすべて「排除の論理」で行われているということです。

鉛筆を投げるアッシャー＋鉛筆を投げるフィンリー＝二人とも職員室に送り出される

という式ができあがってしまうわけです。二人は教室から連れ出され、罰を通じてレッスンを受けることになります。鉛筆を投げることは職員室に呼び出されるということなのです。

職員室に呼び出されて授業を受けることができなかった日の翌日、アッシャーが教室に戻ってきたとき、彼が小テストを受けなければならなかったとしたらどうなるでしょうか？　習っていない知識を活用して、彼はテストでよい点をとることができるでしょうか？　あるいは、前日に起きたことを思い出して、「そうだ、鉛筆を投げたらこの教室にいなくてもいいんだよな」と彼は思うかもしれません。

あなたは驚くかもしれませんが、なかには教室にいたくない生徒もいるのです。そう思っている生徒が、従来使われてきた措置を利用すれば堂々と教室から出ていけることに気づくかもしれません。では、このような生徒は、どうして教室から追い出されたい、もしくは教室にいなくてもいいようにしたいと思うのでしょうか？　それには、次のようなことが関係しています。

・授業についていけない。
・クラスメイトや教師との関係がうまくいっていない。
・診断こそ出ていないが、集中することを妨げる何らかの疾患を抱えている。
・教室で居心地の悪さを感じたり、安全だと思えなかったりする。
・クラスの雰囲気が、自分を受け入れていないような気がする。
・目的をもって取り組めない（次ページの**訳者コラム参照**）。
・退屈である。(1)
・特定の活動や教科について嫌な気持ちをもっている。

---

(1)　『退屈な授業をぶっ飛ばせ！――学びに熱中する教室』と『挫折ポイント（仮題）』を参照してください。こうしたことを問題として捉え、それを克服する方法を考えるのがアメリカですが（そういえば、従来の読み・書きの教え方が効果的ではないということで、ライティング・ワークショップとリーディング・ワークショップも開発されました。この分野については、https://sites.google.com/site/writingworkshopjp/teachers/osusume を参照ください。）日本では、ひたすら同じことをやるしかない状態が続いています。何がそうさせているのでしょうか？

訳者コラム

「目的をもって取り組む」、「夢中になって取り組む」は「engagement」にあてた訳語ですが、英語の教育書にはここ20年ぐらい頻繁に出てくる用語であり、教育のキーワードになっている用語であるにもかかわらず、日本ではこれに対応する適切な言葉がまだありません。それは、言語の違いという問題に留まらず、「engagement」を必要とする教育の文脈があるかないかという問題に関係してきます。つまり、ある概念に言葉があてられているかどうかは、その考え方が生活圏に存在しているかどうかを意味することになります。

教科書をカバーすることにのみ時間を費やしている日本の教育において「engagement」に適切な日本語があてられていないという事実は、この考え方の必要性そのものが認知されていないということを表していると言えます。

罰による伝統的なシステムからは生徒が学びとれることはほとんどありませんし、思考することすらできません。さらに、生徒一人ひとりのことがほとんど考慮されていません。ですから、何か問題が起こったとき、私たちはすぐに次のように問いかけます。

・どのルール／規則を破ったのか？
・誰が破ったのか？
・彼らが受けるべき罰は何か？

そして、使えそうな罰のリストを見るのですが、そのなかでもっとも重いのが「停学」です。停学という罰は、ルールや期待されることを破った生徒を助けることになるのでしょうか？　おそらく、そうではないでしょう。

停学措置のよい点

・問題行動には結果が伴うということを生徒に教える。
・問題を抱えている生徒を、少しの間その場から引き離す。
・教室内の混乱を少なくする。
・教師から学級経営のプレッシャーを軽減する。

停学措置の欠点

・生徒にレッテルを貼ってしまう傾向がある。
・患部に絆創膏を貼るような一時しのぎで、持続性がほとんどないアプローチである。
・被害者（加害者も）が措置のプロセスから得るものがほとんどない。
・引き起こした結果について、自分でどのように責任をとるかということがほとんど果たされない。(*)
・教育的な手段とは捉え難い。
・停学措置や放校措置によって、問題行動を起こすリスクの高い生徒をコミュニティーの外へ追いやることが退学率や犯罪行為の増加につながる可能性がある。

(*)　アカウンタビリティーとは、「説明責任」ではなく、主に「結果に対して責任をとること」を意味します。

前ページに挙げた「よい点」が「欠点」を本当に上回ることになるでしょうか？　生徒一人ひとりの個性に関係なく同じ罰を与えることによって、生徒を同じ型にはめようとしているのではないでしょうか？

これまで与えられてきた罰は、問題行動の被害者や、それが起きた教室の様子に焦点をあわせていません。罰は、ある行動が許されるものではないというメッセージを送っていますが、冒頭に挙げたアッシャーとフィンリーは教室に戻ってきます。短期の停学から戻ってきたこの二人は、ほとんど変化していないでしょう。

問題行動に対しての措置はなされましたが、問題行動のせいで影響を受けた人々や、損なわれてしまったことに対する修復は何らされていません。教室から出された二人が学んだのは、「鉛筆を投げると教室から出されるけど、またすぐに戻ってこられる」ということだけです。

この場合、生徒が起こした問題行動と与えられた措置が直接関係していないので、生徒の行動そのものが変わらないという結果になります。起こした問題行動と措置が論理的に直結しておらず（措置の内容が問題行動の内容とつながっていない）、生徒自身がほかの人々に与えた影響や、長い目で見たとき、措置が自らにもたらす影響を心から分かったと感じていない場合、措置は効果をもちません（このときこそ「共感の魔法」が必要とされます。「ハック７」を参照してください）。

問題行動を繰り返す生徒を止めたいと思うなら、措置そのものをどうするのかについて私たちが考え直し、別の方法を見いださなければならないのです。

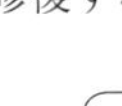

ハック——損なってしまったことを修復する

「自分の行動に責任をもつこと」が関係修復のアプローチにおける基本となります。関係を修復するための行動は生徒自身に委ねられ、生徒は、自らが損なってしまったことをどのように修復するかについて考えます。生徒が考える解決策には、自分がした問題行動に直結する行動が含まれていなければなりません。たとえば、もし生徒が食堂で食べ物を投げたのであれば、「損なってしまったことを修復するための行動」は、その生徒が放課後に食堂を掃除することになるでしょう。

関係修復のアプローチは、シンプルかつ効果的で、学校の雰囲気を向上させることになります。「期待」をつくる過程に生徒が参加することで生徒は起こるであろう状況に責任をもつようになり、結果として生じる措置についても、それが適切なものであるとして受け入れることができるようになります。

損なってしまったことを修復したいときは、次の二つの問いを投げかけることからはじめます。

・誰に対して、どのようなことを損なってしまいましたか？

・損なってしまったことを、あなたはどのように修復しますか？

生徒は、自分の言いたいことや修復のために行うことを考え出さなければなりません。自らの問題行動が引き起こした結果としての措置に、自分から積極的に参加しなければならないのです。そのためにも、生徒には次のような二つの選択肢を与えるとよいでしょう。

❶私（教師）と一緒に解決方法を考えます。

❷あなたが今後どうすべきかについては私（教師）が考えますので、あなたの意見や考えが尋ねられることはありません。

たいていの場合は❶を選択し、時間とエネルギーをそれにしっかり費やしたいと考えます。関係修復のアプローチは効果的です。何しろ、あらゆる問題を学びの機会に変えてしまうことになりますから。問題行動を単に分類して自動的に措置をとることをやめて、生徒の問題行動そのものを理解しようとするのです。そうすれば、措置をどうするかの決定にかかわるあらゆる要素に向きあうことが確実にできます。

このアプローチは、「損なってしまったことを修復する」という必要性に焦点を当てています。それは、学校内に「コミュニティー」という連帯の意識をつくり出し、すべての「声」を聴くことによって、損なわれてしまった関係性を回復させることになります。

これがうまくいくアプローチであるもう一つの要因は、生徒の「共感力」を育むことができるという点です。問題行動を起こした生徒は、被害者や関係者たちが自分の行動からどのような影響を実際に受けたのかについて、直接耳を傾けることになります。自分が傷つけてしまった人の向かい側に座り、自らの行動に対する責任を感じながら、損なってしまったことをどのように修復したらよいのかについて相手に尋ねるという行為は、生徒にとってはとても心が動かされるものです。

多くの場合、最終的には「謝る」という行為で終わるわけですが、関係修復のアプローチでは、そこに至るまでに問題解決を目指しており、すべての生徒を尊重する対話の場がもたれるのです。もし、問題行動を起こした生徒が「声」を聴いてもらえていないと感じたら、措置を受け入れることに納得するとは思えません。しかし、関係修復のアプローチによって、これらの措置を決める過程に生徒自身がかかわることができれば、損なわれたことをどのように修復するのかについても一緒に考えることができます。そして、その経験を通してみんなで成長することができるのです。

あなたが明日にでもできること

もし、生徒が問題行動をしてしまったときは、嫌な思いをさせてしまった相手、損なってしまった教室や学校全体の雰囲気を修復するためにどうしたらよいのかについて生徒自身に考えてもらいましょう。問題を解決することに時間とエネルギーをしっかり使うことが、生徒たちの問題解決能力を向上させる機会となります。その手順は次のようなものです。

はじめる――ある生徒が引き起こしてしまった問題は、誰に対するどのような問題なのかを確かめます。まず、次のような質問からはじめるとよいでしょう。

・何が起こったのですか？
・あなたがしたことは、誰にどのような影響を与えましたか？

共感する――問題行動を起こしてしまった生徒がどのような影響を及ぼしてしまったのかを理解するためには、ほかの人の視点を取り入れる必要があります。次のようなオープン・クエスチョンを使いましょう。

・そのことが起こったとき、みんなはどのように感じたと思いますか？

・そのことは、どのような形で周りに影響を及ぼしたと思いますか？

分析する――分析段階では、生徒が損なってしまったことを修復する方法を考え出さなければなりません。生徒にとってはそれを迅速に考え出すことは難しいかもしれませんが、とても重要なことです。修復計画を立てるときに、次のようなオープン・クエスチョンを使ってみましょう。

・関係を修復するために、あなたは何をする必要があると思いますか？
・損なってしまったことを修復するための計画を、どのように実行しようと思いますか？
・その計画によると、あなたが損なってしまったことをどのように修復することになりますか？
・その計画には、問題行動によって影響を受けたすべての人が含まれていますか？

実行する――生徒があなたとともに考え出した解決策を実行します。

振り返る――振り返りは保護者と協力して行うとよいでしょう。保護者と生徒が、問題行動とそれが他者に及ぼした影響は何か、損なってしまったことを修復するための解決策はどのように考え出されたのか、その解決策がどのように実行されたのか、そして、本当に関係性は修復されたのかについて振り返って考えることができます。また、生徒がその過程でどのように感じたかについても話し合うとよいでしょう。

保護者と話をすることに加えて、同じような問題行動が二度と起きないように、生徒自身が行動計画を立てることも支援しましょう。

完全実施に向けての青写真

次に示すステップ（計画実行に向けての基本的な設計図）を使って、最初から終わりまでのプロセスを通して、生徒が問題行動に対して責任がもてるように支援しましょう。

ステップ1　起こしてしまった行動を掘り下げて考える

まずは明確な言葉で、問題にアプローチすることからはじめます。

「アッシャー、君の投げた鉛筆がカレブのほうへ飛んでいったのが見えたよ。そのとき、あなたはどのようなことを考えていたの？」

行動を理解しようとするときはオープン・クエスチョンを用いてください。生徒が話し出したり、責任をとろうとしたときは、大げさなぐらい肯定的な姿勢で受け止めてあげてください。そうすることで、その状況について彼らが話し続けることを積極的に励ますことになります。また、その過程において、何か大きなことが生徒のなかに起こっているのではないかということに気づくかもしれません。

ある行動を見るときに「氷山モデル」を使うと、あらゆる行動の水面下にはさまざまなものが絡みあっていることが分かります。怒りの感情が強く表れている様子を目にすると、それが今起こっていることのすべてのように思えるかもしれませんが、オープン・クエスチョンで問いかけながら問題行動を理解していくと、ほかの要因が見つかることでしょう。

たとえば、アッシャーが鉛筆を投げたのは腹を立てたからだということが分かりました。「氷山モデル」では、なぜ彼が腹を立てていたのかを問います。オープン・クエスチョンで問いかけてみると、アッシャーのガールフレンドが自分の親友と一緒に映画を観に行ったことを知ったところだ、ということが分かるかもしれません。

また、アッシャーの父親が最近家を出てしまい、両親がやっかいな離婚問題のまっただ中にいるうえに、洗濯が間にあわなかったためにアッシャーは一番気に入らない服を今日着せられていたのかもしれません。さらに、数学の多項式の問題の解き方が分からず、来週のテストで悪い点をとるということがすでに「分かっている」状況かもしれません。

水面下にあるこのような要因は、友だちに鉛筆を投げつけてもいい理由になるでしょうか？　もちろん、なりません！　しかし、これらを知っていることは、彼のことを生徒としてだけではなく、一人の人間として理解することに役立ちます。

氷山の水面下の部分でアッシャーに何があったのかが分かれば、あなたは彼の成長を促して変化を起こしはじめることができますし、さらには人間関係や学校の雰囲気を改善していくこともできます。つまり、クラスメイトに鉛筆を投げつけるという具体的な問題行動を解決するだけでなく、アッシャー自身の不安を軽減し、その行動につながってしまった要因に向きあい、解決するための対策を講じることができるということです。

もし、水に飛び込んで水面下にあるアッシャーの問題について検討する時間をとらなければ、問題行動の根本的な原因に迫ったり、問題行動が繰り返し起きないように支援することは決してできないでしょう。

ステップ2　巻き込まれた人をすべて確認する

さて、問題行動の理由が理解できたら、アッシャーが変化を起こすことについて支援ができるようになります。鉛筆を投げたときに巻き込まれてしまった人は誰なのか、アッシャーに確認してもらいましょう。巻き込まれた人というのは、アッシャー自身、仕返しに鉛筆を投げ返した生徒、モノが飛び交って授業を中断しなければならなかった教師、この問題行動を知らされた生徒たちの保護者、そして授業を妨害されたほかの生徒たちです。

誰が巻き込まれたかを理解するのは私たち教師にとっては簡単なことです

> ある行動を見るとき、私たちは「氷山モデル」を使って、あらゆる行動の水面下には多くの原因が潜んでいることを理解しようとします。

が、ここは是非、生徒自身に確認してほしいところです。巻き込まれた人々を認識してもらうための鍵は、オープン・クエスチョンを生徒に投げかけることです。一例を挙げてみましょう。

「鉛筆を投げたことで影響を受けたのは誰ですか？」

「ほかにはいませんか？」

「あなたの行動を目撃した人がいたら、その人にはどんな影響を与えたと思いますか？」

このように、自分の行動が巻き込んだすべての人をリストアップするまで掘り下げていきます。また、それぞれの人がどのような形で巻き込まれたのかということについても、生徒には認識してもらいたいところです。オープン・クエスチョンを継続的に使って生徒を導きましょう。質問の答えは、こちらからは与えないようにします。彼らが一生懸命考えれば考えるほど、このアプローチの効果が高まることになります。

これは、共感力を認知的に発達させるための方法です。生徒を誰かほかの人の視点に立たせるのです。そうすることで、ほかの人が経験したことに対する共感力を育てることになります。そして、その共感力は、次に行動するときに発揮されることになります。

ステップ3　損なってしまったことを修復する

これは、全体の流れのなかで、「起こしてしまった結果に対して責任をとること」と「修復すること」にあたる部分です。このステップでは、間違いを正し、損なってしまったことを修復します。具体的にどのように進めればよいのかについては、教師が指示を出すのではなく、生徒自身が決断できるように導きましょう。

損なってしまったことを修復するための方法を生徒自身が考え、オープン・クエスチョンを通して解決策を導き出していきます。以下に記したのは、クラスに対してどのように修復していくのかについて、教師と生徒が一緒に決めていくときの一例です。

ウィリー先生　あなたが鉛筆を投げたのを見て、クラスのみんなが笑ったんだったね。それで、みんなの集中が切れてしまったということだね。では、クラス全体に影響を与えてしまったことをどうすれば修復できると思うかな?

アッシャー　分からない。そんなことできないよ。

ウィリー先生　できるよ。一緒に考えてみようね。みんな集中が切れて、笑ってしまっていたね。もし、勉強がとても遅れていて、授業を必要としていた子がいたら?　また、鉛筆が飛び交ったことが理由で気が散って、その後の課題に集中できなくなった子がいたとしたら?　もし、クラスの誰かに鉛筆が当たってしまったら、その子はどう思ったかな?　気持ちのいいことではなかったよね。

アッシャー　でも、してしまったことは元に戻せないよ。もう終わっちゃったから。

ウィリー先生　言いたいことは分かるよ（アッシャーを安心させようとします）。けれど、修復することはできるんだよ。クラスのみんなに、自分が思っていることを伝える方法をいくつか考えられるかな？

アッシャー　（少し考えたあと）みんなの前で、みんなに話せると思う。

ウィリー先生　（にっこり笑いながら）ああ、ほら、やっぱり自分で考え出せると思っていたよ。じゃあ、クラスのみんなに話すことにしようね。何て言うか、一緒に考えよう。

少し時間はかかりますが、これはこのアプローチの特徴をよく表している話し合いと言えます。「アッシャー、クラスのみんなに謝らなければならないよ」というのは簡単ですが、真の学びを起こし、行動を長期的に変えていくためには、あなたの指導の下で生徒自身から解決策が出てくるようにしなければなりません。何度か実践を重ねれば、生徒が考えることをスムースに支援できるようになります。

仲間の前に立って謝るという行為は、生徒にとってとても不安で、大きな影響を及ぼすものとなります。生徒には、まずどのように話すかについて何回か練習をしてもらい、ロールプレイも行って、目指すべき当日の姿を確かなものにしましょう。

「アッシャー、何を言うかを練習して、自分の行動がほかの人たちに与えた影響に対して責任を果たそうとしてくれてありがとう。これが終わったら、今回のことに関して、あなたのすべきことは完全に終わりとなります。でも、もしみんなの前で不真面目な態度を示してしまったら、乗り越えなければならない課題がより大きくなってしまうことをふまえておいてくださいね」

大きな課題というのが何であるかを伝える必要はありませんが、それが生じるということだけは事前に伝えておきましょう。私たちは一〇年以上にわたって、このような実践を行ってきましたが、真剣に取り組まなかった生徒は皆無でした。

もし、このアプローチを通してあなたが生徒を上手に導いてきたなら、彼らは謝罪することを受け入れるはずです。

次に生徒は、損なってしまったことに関して修復する必要があります。その際にするミディエイションについては、「ハック1　さあ、あなたの『声』を聴かせてください」や「ハック2　サークルになりましょう」を参照してください。

損なわれたことを修復するための方法は、一対一の話し合いをするか、サークルになるかにかかわらず、最終的な解決策はすべての関係者が前に進んでいけるような行動でなければなりません。たとえば、謝罪の手紙、対面での謝罪、社会奉仕、問題行動に関する授業をすること（「なぜ、学校や職場で不快な言葉を使うことがよくないのか」など）やその発表活動、自分の行動に関するレポート、何らかの問題行動に関するグループでの取り組み（いじめ対策の授業を行う）など、例を挙げたらきりがありません。「論理的であること」、すなわち「取り組みの内容が生徒の問題行動の修復に直接関係しているかどうか」ということだけに意識を向けてください。

ステップ4　再び統合する

損なってしまったことについてすべての関係者に対して修復することができたら、再びみんなで授業に戻るときとなります。それはまた、教室をリセットするときでもあります。たとえば、次のように言うとよいでしょう。

「少し授業から離れてしまいましたが、アッシャーはみんなに謝るという素晴らしいことを成し遂げました。授業に戻る前に念を押しますが、何が起きても私たちはみんな仲間だということを忘れないでくださいね。私は、みんなのことを誇りに思っています。それでは、中断したところに戻りましょう。……それで、どこをやっていましたっけ？」

このように言えば、一つのコミュニティーとして、生徒全員を元にいたところに素早く、無理なく戻すことができます。あとで、アッシャーのそばへ行って直接声をかけることもおすすめします。たとえば、「さっきのみんなへの謝罪は素晴らしかったよ。フィンリーとの仲直りも上手にしたね。そんな姿をいつも見ていたいと思っているよ。これからも頑張ろうね！」と伝え、ハイタッチをして笑顔で終了します。

私の経験では、修復を一つするごとに、同じ日に三回ポジティブな「言葉かけ」をするのが理想的だと言えます。関係性がすべて、ということを胸に留めておいてください。

課題を乗り越える

関係修復のアプローチに関しては、「データは語る」と言えます。関係修復のアプローチが効果的であることを示すデータは豊富にあります。この事実が、関係修復のアプローチが取り組む価値のあるものだということを示しています。

私たちは一〇年以上にわたって関係修復のアプローチを実践してきた経験から、あらゆる関係者に有効であることを確信しています。とはいえ、誰もが賛同しているわけではありません。次のような反論に直面することもあるでしょう。

反論1 「すべての生徒が、これでうまくいくわけではありません」

もちろん、どんなときでも、すべての状況において、すべての生徒に対して効果的であるとは言えません。生徒には個性があり、もめ事を起こす状況もさまざまです。生徒は多様な背景をもっており、家庭で受けられる支援のレベルも違いますし、子どものころに経験した辛さの内容も違います。

では、現在の罰を与えるシステムはこれらをクリアしているのでしょうか。同じく、いかなる場合にも適用できるわけではないでしょう。それに対して関係修復のアプローチは、たとえそれが一〇〇パーセント効果的でないとしても共感力を急速に発達させ、人間関係のつながりを強くし、ポジティブなコミュニケーションを養ってくれることだけは間違いありません。

関係修復のアプローチは、困難な状態を最速で解決する方法ではないかもしれません。しかし、あなたのツールボックス（道具箱）には非常に効果的なツールとなります。そして、罰を与えるシステムよりも、生徒それぞれの個性に応じられる可能性がはるかに高いのです。

反論2　「あまりにも複雑すぎます」

おっしゃるとおりです。職員室や校長室に生徒を送り出して、対応してもらうほうが簡単です。しかし、正直に言いますと、その方法は機能しないのです。そのやり方を続けるかぎり、生徒が教室に戻ってくると問題行動が再び発生し、さらには悪化する可能性すらあるのです。また、生徒が教室から外へ送り出され、戻ってきてから何の修復もしなければ、教室の雰囲気にも大きな悪影響を及ぼすことになります。

関係修復のアプローチを活用しはじめたら、あなたがそれをやめることはまずないでしょう。このアプローチでは、生徒を決して職員室や校長室に送り出してはいけない、と言っているわけではありません。場合によってはそれが必要なこともあります。

しかし、そうなったとしても、関係修復のアプローチでは生徒が教室に戻る前に「損なってしまったこと」を修復することができます。関係性が修復されることによって、教室の雰囲気がよくなっていくのです。

反論3「どの教師もトレーニングを受けていません」

この問いかけに対する答えには選択肢があります。本書を教師仲間にすすめるとか、あなたが対話やミディエイションをしている様子を同僚に見てもらったりするのです。実際の対話やミディエイションの様子を見てもらえれば、このアプローチのよさが伝わり、支持してもらえることになります。関係修復のアプローチの成果を見て、同僚たちの間にこのアプローチの実践が一気に広まっていく様子を、私たちはこれまで何度も見てきました。

簡単に言えば、関係修復のアプローチは、学校における生徒指導をめぐって高まり続けている危機に対応する方法として優れているということです。学校から刑務所へ生徒が送られ続けているという状況は現実に生じている事柄であり、警戒すべきことです。しかし、関係修復のアプローチを使えば、そのような傾向を食い止めることができるのです。

反論４「新しい方法を覚えるには歳を取りすぎています」

変わることは、誰にとっても簡単ではありません。もし、あなたが経験豊富な教師だとしたら、なぜ変わらなければならないのでしょうか？　教えるべきことは、単に数学や理科、国語や社会などの教科だけではありません。すべてが教育なのです。

生徒は、より豊かな人生を生きる方法を知るために私たちを必要としています。彼らには、もめ事を解決し、自分の意見や考え方を伝え、つまずいたときに物事を正すために必須となるスキルを学ぶ必要があります。校長室へのチケット(2)は、そのスキルを授けてくれません。生徒の隣に座って、一緒にとった行動について話し合ったり、どのように向上できるかについて理解を促したりすることがスキルを学ぶことを可能にしてくれるのです。

（２）生徒が授業中に教室から校長室や職員室へ送り出されるとき、授業担当の教師はその生徒に、授業中に廊下を歩くことを許可する小さな紙片をわたします。そこには、生徒の名前、問題行動の種類、起こった日時、送り出した授業担当の名前などが記されています。

ハックが実際に行われている事例

私は、授業の次に好きな職務内容であるランチの見回りをしていた。すると、後ろのテーブルのほうで騒ぎが起きていることに気づいた。スマートフォンを持った生徒たちの間をかき分けていくと、涙を浮かべたジェームズが、一人の友だちに出口まで引っぱられていく様子が見えた。また、牛乳まみれのクレイグが、ソワソワと行ったり来たりしているのにも気づいた。見守り担当の日にこんな事件が起こるとは……何ということだ！

私は無線で職員に支援依頼をし、次に何をするべきかを決めるまで、二人の生徒を別々に待たせておいた。いつも一緒にいる友だちなので、今日の二人は何かおかしい。ジェームズのほうが強く動揺していたので（ということは、より爆発しやすいということ）、まず私は彼と話をすることにした。

ジェームズは、クレイグが自分のことを太っていると言い続けたこと、そしてそれが、「自分と一緒に誰もホームカミング(3)に行きたがらない理由だと言われた」と私に話したあと、言葉を続けた。

「あいつが体重のことで僕のことをからかい出したんだ。最初は僕も含めてみんなが笑っていたんだけど……でも、それが一六回目を超えてからは、僕はちっともおかしくなくなってきた。だから、口に牛乳が入ったあいつのほっぺたをひっぱたいたんだ。そうしたら、クレイグがテーブルを押しのけて向かってきて、誰かが彼を引き離すまで何度も叩かれたんだ」

ジェームズは、何を間違ってしまったのか、そのときにどのように感じていたのかを、自分で明確に確認することができた。また、この状況を修復するために、クレイグとミディエイションをするということにも同意した。ジェームズは、食堂でのもめ事と、そして、それに至るまでのやり取りにおいて自分がどのように感じていたのかについて、クレイグに話をすることに同意した。

次に私は、クレイグに話を聴かせてもらった。その内容は、ジェームズから聴いたものと一致した。クレイグ自身も、自分がしたことは間違っていたことを認めていた。

私たちは、興味本位の野次馬から距離をとるため、廊下の突きあたりにある教室に移動してミディエイションを開始した。私は次のように言ってはじめた。

「今から、数分前に食堂で起きたことについてミディエイションをします。まったく受け入れ難い行動でしたが、あなたたち二人は、起こしてしまったことをミディエイションで修復

（３）卒業生を年に一度母校に迎え、話を聞いたりダンスをしたりするアメリカの伝統的なイベントのことです。

することに同意しました。『今、ここ』で問題を解決します。二人とも同意できますか？」

　二人がうなずくのを確認して私は続けた。

「それではルールを説明します。一度に話すことができるのは一人だけです。質問があるときは手を挙げてください。私はこのミディエイションを担当します。もし、腹が立ってしまったら、歩き回って頭を冷やしてもかまいません。ドアを出たところにある椅子に座って、二分以内に帰ってくればまた再開することができます。もし、帰ってこなければ、今回の事態について学生担当部長の先生に処理を任せなければなりません。その場合は、あなた方の意見が聴かれることはないでしょう。この約束事を理解して、同意することはできますか？」

　彼らがうなずいたら、それがミディエイションを開始する合図となる。

　私はジェームズに、彼の目から見て何が起こったのかということについて尋ねた。ジェームズは、体重のことでクレイグに面白おかしくからかわれて、「太っているせいでホームカミングに行けないだろうと言われた」と私に説明した。そして、「普段だったら気にしないけど、今日は我慢できなかった。お母さんが家を出ていったばかりで、とても辛かったんだ」と言ったあと、ジェームズはクレイグを牛乳まみれにしてしまったことを謝った。

　次にクレイグが、自分なりの意見を述べた。

「お母さんのことは知らなかったよ、ごめん。あんなふうに言ったのは、とくに何の意味もなかったんだ。今後、そのことについて君をからかったりはしないよ」

この時点で、ミディエイターとしてこの件は解決したと感じた。そして次のように言った。

「二人ともありがとう。とてもよい感じです。お二人さん、もめ事は穏やかに解決したと思いますか？」

彼らがうなずいたので、私は続けた。

「私もそう思います。問題は解決しましたね。では、次に進みましょう。二人とも食堂で重大な騒ぎを起こして、その場を混乱させてしまいました。今日の放課後は二人とも残って、食堂をホウキで掃いて、モップがけをしてきれいにしましょう。(4) このことは、清掃員の人にも伝えておきます。三時四五分になったら食堂に集合してください。それが終われば、今回の件はすべて終了です」

(4) この行動計画について、生徒自身にアイディアを出してもらうのが関係修復のアプローチなのでは？　と思われるかもしれません。この事例では明らかに掃除をする必要があるので解決策を教師が提案していますが、もちろん二人が考え出すことが基本です。

実践のポイント

さらなる関係者（食堂に座っていた生徒、保護者、その他かかわった生徒など）もミディエイションに招き入れることができます。問題行動にほかの生徒たちが巻き込まれている場合や、かなり困難な生徒で、仲間の「声」を聴くことが有効な場合などはそのようにするとよいでしょう。

関係修復のアプローチは、罰を受けることになるであろう問題行動を学びの機会に転換するものです。生徒にとってもめ事は、自らの行動の影響やその行動に対して責任をもつという義務を理解し、誤りを正すための方法を考え出す機会となります。生徒自身が問題に向きあえるようにしましょう。損なってしまったことを修復するために、生徒自身が自分なりに考えて、解決策を見いだせるようにするのです。

関係修復のアプローチを用いれば、問題行動に絆創膏を貼って終わりにするといった方法では想像することができないほど、生徒の行動を永続的に変えるための素地を築くことができます。

ハック4

「ルール」を「期待」に置き換える

生徒に期待することを、一貫して明確に示す

他者から寄せられる期待が、
私たちが自分自身に求める期待を形成する。

（ウェス・モーア）*

（*）（Wes Moore）アメリカ・ニューヨークにおいて、貧困を背景としたさまざまな問題の解決に取り組む非営利組織「慈善団体ロビン・フッド」のCEOで、『もう一人のウェス・モーア：名前一つ、運命二つ（The Other Wes Moor : One Name, Two Fates』（未邦訳）の著者です。

問題――「ルール」に頼ってもうまくいかない

教室は、生徒にとって心の休まる場所でなければなりません。まるで自分の家にいるかのように安心できて、「ここにいていいのだ」と感じられ、日々のストレスや不安から解放される場所ということです。

私たちは、テストの点数や一人ひとりの生徒をいかす指導法、(1) 日々の教室における生徒の行動がルールにかなっているのかに目を奪われるあまり、前向きな文化構築に気を配ることが忘れがちとなっています。教室の雰囲気は、たまたまそこにあるものではありません。築き、育て、保ち続けるものです。生徒にとって教室を素晴らしい場所にするために必要なのは、正しいルールではないのです。そのために必要なことは、よい人間関係とお互いへの「期待」を共通理解することなのです。

ルールを使って教室の文化を築こうとする場合の問題点は何でしょうか？　まず、ルールは防ぎたい特定の行動群に焦点化するあまり、より大きな実態を捉えて対応することが難しいということです。たとえば、「紙くずを投げてはいけません」というルールがあるとします。そうすると、生徒がマーカーペンを投げた場合、投げたのが紙くずではないので、厳密に言えばルールを破っていないことになります。生徒は、抜け道を見つけ出すのが得意です。ルールが細かすぎると、想像力が豊かでいたずら好きな生徒は境界線を試してみたくなるものです。

通常、ルールは行動規範（つまり、どのように行動してはいけないか）を生徒に教えるだけで、多くの場合、ある決まった場面にしか適用できません。水筒のお茶を例にして説明しましょう。

生徒が水筒のお茶を飲むことは適切でしょうか？　はい、それは適切です。それでは、授業中に飲んでもよいかどうかについてはどうでしょうか？　休み時間だけにかぎって許可しますか？　前の授業が長引いて、ほとんど休み時間がとれなかった場合はどうですか？　または、とても気温と湿度の高い日が続いて、こまめに水分補給したほうがよい場合はどうでしょうか？

いずれにせよ、「授業中には、水筒のお茶を絶対に飲んではいけない」ということが生徒に教えたいことでしょうか？　それとも、集中して授業を受けているときには邪魔にならないように、そっと飲むこと（他人を尊重すること）や、こぼさないよう適切に扱う方法（教室を安全で清潔な環境を保つこと）を身につけてもらうことが目標でしょうか？[2]

（1）　アメリカでは、「一人ひとりをいかす指導法」は成果も実証済みで、すでに教える際の原則の一つになっていますが、日本ではまだその定義と具体的な方法についてほとんど知られていません。この「一人ひとりをいかす教え方」について詳しくは、『ようこそ、一人ひとりをいかす教室へ――「違い」を力に変える学び方・教え方』を参照してください。

教育界でよく言われることですが、生徒に法律を教えるときには、単に書かれている条文を文字どおりに教えるのではなく、法の精神を教えることが肝要です。ルールというものは、私たちが出合うあらゆる瞬間、あらゆる事態に適用できるものでは決してないのです。

私たちは、ルールという枠から出て、ルールを取り巻いている状況から全体を考え直す必要があります。

ハック——「ルール」を「期待」に置き換える

「どのようにすれば人生を豊かに生きていくことができるか」について生徒がすでに分かっているのであれば、ただそれを実行するだけでいいでしょう。しかし、ほとんどの生徒は、どうすればよいのかについて教えてもらう必要があるでしょう。生徒は、「何をしてはいけないのか」ではなく、「どうすればよいのか」について理解することが重要なのです。

教師は、生徒の人生を豊かにするという目的に邁進すると同時に、その目的のために寄せる高い「期待」に生徒が到達できるように、必要なツールを生徒自身が身につけられるように支援しなければなりません。

そのために、「期待」を設定するということからはじめましょう。すなわち、「私たち教師が生徒に望むこと」、「生徒同士がお互いに対して望むこと」、「生徒が自分自身に望むこと」について明らかにすることからはじめるのです。これらは、「ルール」ではなく「期待」と考えることが重要となります。

「ルール」に比べると「期待」は幅広いように思えますが、より広い視野で考えることを可能にし、むしろ自由度も増すことに気づくはずです。あなたが生徒にもっともよいと思える環境を整えるとき、幅広い「期待」が支えてくれます。また、あなたが前例のない状況や何か特殊な事態に出合った場合でも、幅広い「期待」のもと、柔軟な対応ができることになります。(3)

まずは、教室を理想的な状態にするにはどうすればよいかについて、全員で共有したい「お互いに期待する行動リスト」をみんなで話し合って作成することからはじめましょう。そして、作

(2) ここでの原著の例は、「ガムをかむこと」でした。アメリカでは、ガムをかむことは、顎を強くしたり、集中力を高めたりするなどのよい点も認められていて、日本とは違って許可している学校もあります。原著では、どのような場面で何に配慮してガムをかむことを認めるかが書かれています。ここでは、日本の読者にとって身近に感じられる例に置き換えました。

(3) 「〜してはいけない」というルールをたくさんつくって行動を制限するのではなく、「どうすればよいか」をみんなで話し合って共通理解し、お互いに期待される行動を広く共有するということです。

成したリストをみんなが見やすい場所に掲示しておきましょう。リストの内容は、明確で生徒が理解しやすいものにしてください。そうすれば、お互いへの「期待」が、学校での生活や学習においていかに大切であるかについて生徒が常に意識することになります。生徒自身が重要だと思えなければ、日々しっかりと「期待」を実践することができません。

みんなで共有した「期待」は、生徒を望ましい行動に導くための基礎となります。一例を挙げてみましょう。インターネットを使って調べものをするという課題に生徒が取り組んでいる場面です。

あなたは、教室で生徒の様子を見守りながら、質問に答えたり助言したりできるように生徒の間を巡回しています。すると、アマゾンの熱帯雨林のことを調べるという課題に取り組まずにゲームサイトでゲームをしている生徒を見つけました。その生徒は、はっと顔を上げて見つかってしまったと思い、ブラウザのタブを素早く熱帯雨林に切り替えようとします。そのときの会話は次のようなものになるでしょう。

「やあ、ホアン。アマゾンの熱帯雨林に生息している鳥について調べているようだね。かなり幅広いトピックだよね。調べることをもう少し絞り込んで、鳥の種類を特定してたらもっとよい資料に行きつけると思うよ。そうすれば、もっとワクワクして、調べることに集中しやすくなるからね。ところで、興味がある鳥は見つかったかかな？（彼が答える機会をもてるように少し間をとる）まだ見つかっていない？　そうなんだ。じゃあ、数分後に戻ってきて、絞り込むのに手助けが必要かどうかを確認するね。そのとき、どんなふうに調べたのかも教えてね！」

この例では、特定のルールを示す必要も、問題行動から生徒を遠ざける必要もありませんでした。その代わりにあなたは、ホアンの行動が望ましい方向へ向かうように必要なコーチングをしました。あなたは、ホアンに「期待」される行動（課題に集中して取り組むこと）を思い出してもらい、それを達成するための後押し（検索を絞り込むこと）をしたのです。

これらの支援に加えて、数分後にあなたが再びホアンの様子を尋ねるために戻ってくることで、ゲームをしたいという気持ちがホアンから消えて、課題に集中できるようにサポートしたことになります。

目標に対して、すべての生徒が「期待される行動」を共有していることを、常に心に留めておくようにしてください。もし、「課題に集中すること」がすべての生徒に対して「期待」している行動であれば、あなたは、生徒全員が課題に集中できているかどうかについて確認しなければなりません。このときのあなたは、ホアンが苦戦している様子を知って、彼の行動を修正し、「期待される行動」へと向かえるように後押しを行いました。

しばらくしてあなたは、ジェレミーという別の生徒が、同じく課題を調べずにインターネットでゲームをしているところを見つけてしまいました。ジェレミーは、いつも大変まじめに課題に取り組む生徒で、授業中に課題が終わらなければ持ち帰って確実にやり遂げてくる生徒です。今はゲームをしていたとしても、ジェレミーは必ず課題をやり遂げて期限までに提出することでしょう。

さて、あなたは、ジェレミーがゲームをしていてもよいことにしますか？　もし、あなたがジェレミーを注意しなければ、それはほかの生徒たちにどのようなメッセージを送ることになるでしょうか？

そうです！　ホアンと同じくジェレミーにも、ゲームをやめて課題に戻ってもらう必要があります。「期待」はすべての生徒に対して同じように掲げ、みんなで共有するものなのです。

生徒が人生を豊かに生きていくためには、どのような環境が必要だと考えますか？　その環境を支えているのは、どのような教室文化でしょうか？　どのような態度、どのような価値観、どのような習慣が、目指す教室文化をつくりあげるでしょうか？

「ルール」を「期待」に置き換える際、これらの質問をあなたが目指す方向に進むときの指標にしてください。

「期待」をつくることに生徒が参加できれば、「期待」や「期待を損なうこと」が自分たちにどのような影響を与えるのかについてクラス全体で話し合えるようになります。

あなたが明日にでもできること

関係修復のアプローチにおいては、教室における自分たちへの「期待」が何かを生徒自身に考えてもらうことがもっともよい方法だと言えます。生徒自身が考えることで、当事者意識（主体性）や共感力、責任感が育まれます。また、クラス全体で「期待」される内容とは何かについて話し合い、そのように行動できなかったときにはどのような影響があるのかについて考えることができます。

このような対話をすることが、「共感力」をクラス運営の核心にしっかりと位置づける助けとなります。そのための基礎を築くには、次に紹介する事柄に取り組んでみて、振り返って、気づいた改善点を活かしながら少しずつ進むようにしてください。

クラス・ミーティングを行う——生徒にサークルになってもらい、記録係を決めます。学年は問いませんので、心に残っている教師やクラスについて二分間、隣に座っている生徒と話し合ってもらいましょう。これまでに「安全で尊重されている」と感じられたクラスや、学ぶ環境が整っていたクラスとはどのようなクラスだったかを振り返ってもらいます。

・生徒は、教師についてどのように語るでしょうか？
・教師とのやり取りはどのようなものだったでしょうか？
・生徒同士のやり取りはどうだったでしょうか？

これらの質問に一人ずつ順番に答えてもらうか、自由に手を挙げて発言してもらって、理想的な教室にはどのような特徴があるのかについて話し合い、その特徴を記録係の生徒に記録してもらってリストにします。

そして次は、まったく反対のタイプの教室や教師について思い出してもらいます。

・その教師とどのようなやり取りがあったのでしょうか？
・対立はありましたか？
・何か落ち着かない、目標達成への環境が整っていないように感じる教室では、ほかの生徒はどのような行動をとっていたでしょうか？

これらについてもクラス全体で話し合いを行って、記録係がそれらの発言を記録してリストにします。

一歩引いて、客観的に捉えてみる——次は、生徒に一歩引いてもらい、リストを全体的に眺めてもらいます。おそらく生徒は、居心地がよかったクラスでは、「～をしてはいけません」という細かいルールではなく、「どのようにすればよいのか」ということが共有されていたことに気づくはずです。すなわち、「期待」の文化に支えられていたということです。

そこで今度は、先ほどのリストを参考にしながら、自分のクラスにおける「期待」を生徒につくってもらいます。あなたが一人だけで「期待」をつくってしまうよりも時間がかかりますし、より労力を必要としますが、生徒と一緒に「期待」について考え、つくり、共有することによって、生徒は「期待」リストの内容に「自分もかかわっている」という意識をしっかりともつことができます。

簡潔にする——本書を読んでくださっているということは、生徒一人ひとりがお互いに尊重しあえるクラスづくりを重視されているということでしょう。では、それを妨げている問題とはいったい何でしょうか？　あなたは、そのような問題をいくつ思いつきますか？　五つでしょうか？　一五個でしょうか？　それとも、もっとたくさんありますか？

あなたが思いついた問題ですが、潜在的な危険性のあるものも考慮してすべてを網羅し、徹底して詳細な「ルール」を羅列してリスト化することはほぼ不可能です。しかし、クラスで共有する「期待」であれば、シンプルで短いものでいいのです。たとえば、「あなた自身を、みんなを、モノを大切にしましょう」というような、簡潔で心のこもったものです。

ある生徒がほかの生徒を尊重しないような行動をとった場合には、改めて「期待」が何であったかをはっきりと確認し、とられた行動が相手を尊重できるような行動に置き換えられるように一緒に考えて、方向性を修正していけばよいのです。

もう一つ、簡潔な「期待」を設定する例を挙げます。教室の環境を考えてみましょう。教室が散らかっていると落ち着いた気持ちにはなれないものです。丸まった紙くずが散らかっていたり、プリントがあちこちに落ちていたり、昼食のときにこぼしたおかずなどが床にこびりついている状態を想像してみてください。

このような教室では、あなたは、一日中机をきれいに整えたり、ゴミを拾ったり、モノを元あった場所に戻したりするのに明け暮れてしまうことでしょう。さらにひどい状態であれば、机と机の間を通るのに、あなたは生徒のカバンや上着をかきわけて進まなければならないかもしれません。

では、整然とした環境を保つためにはどのようにすればよいでしょうか？　長々とした「ルール」のリストが必要のように感じます。「ゴミはゴミ箱へ捨てましょう」、「椅子は机の下にきちんと収めましょう」、「お菓子は禁止です」、「備品は元のところに戻しましょう」、「カバンと上着は机の下に置きましょう」……このようにリストアップしていけば、すべてを網羅することができそうですか？

そういえば先週、誰かが机の上にジュースをこぼしたまま帰り、机がベトベトになっていたことをあなたは思い出しました。ルールを守れないならジュースを持ってくることを禁止にしたほうがよいでしょうか？　いや、念のために飲み物はすべて持ち込み禁止にしたほうがよいでしょうか？　おそらく、このようなルールを設けても問題の解決にはならないでしょう。

では、「ルール」として守るべき事項を羅列するのではなく、一つのシンプルな「期待」を設定してみましょう。「安全で清潔な環境を保ちましょう」という一つの「期待」を生徒と共有し、その「期待」のなかに、教室の散乱状態につながるすべての問題を含めてしまうのです。

完全実施に向けての青写真

「ルール」を「期待」に置き換えるためには、あなたがとろうとする方法を常に再考し、継続的に生徒の行動に対応することが求められます。また、生徒たちは、共有する「期待」の内容をよく理解して、それをふまえて行動できているかどうかに責任をもつ必要があります。ここでは、共有した「期待」があなたの教室でうまく機能するために有効となる方法を、三つのステップとして紹介していきます。

ステップ1　生徒の行動を修正する方法を再考し、よく検討する

私たちは、生徒がより豊かな人生を歩むための決断ができるようにと考えています。ですから、生徒の行動を見たときには、その行動が生徒たちの豊かな人生につながるものかどうかを評価したり、判断したりすることが大変重要となります。

時には、まったく何もしないことが生徒の行動を修正するためにもっともよい方法であった、ということもあります。たとえば、次のような例があります。

生徒たちは、美術の時間で絵を描き終えたところです。これから片づけをして、次の授業である数学の準備をしなくてはなりません。片づけも数学の準備もしたくなかったコーリーが、床に座り込んでさぼっています。あなたは彼の行動を無視することにして、ほかの生徒が片づけているのを手伝って、生徒たちの協力に対して感謝を伝えました。

コーリーは座り込んでいても仕方ないことに気づいて、遅ればせながら立ち上がり、数学の授業を受けようと椅子に座りました。今こそ、あなたがコーリーに目を配るときです。にっこりと笑って、彼の協力にお礼を言いましょう。

責任感のある生徒たちは、指示を主体的に受け止めることができ、自分たちが望ましい行動をすることがクラスのよい雰囲気と学びに適した環境につながることを学びます。一方、行動に責任をもてない生徒も、自分の無責任な行動は、よいクラス環境をつくるために価値をもたらして

いないことを少しずつ理解していくのです。

一〇代の生徒が感情的な爆発を起こすというのは稀ですが、反抗的な態度によってクラスを混乱させるということはよく起こります。思春期の生徒の場合は、新学年がはじまったらすぐに求められる行動にしっかり焦点を当てると、その後の学校生活がうまく運ぶようになります。

思春期の生徒は、どのような行動がほめられて、認められるのかということに対して敏感です。もし、ある生徒が暴言を吐いたり、大声を出して学習の妨害をしたとしても、あなたは授業に熱心に取り組み、積極的に教師とクラスのみんなを尊重して行動している生徒たちに目を向け続けてください。それでも生徒が暴言を吐き続ける場合は「ステップ3」を参照してください。

さらに、望ましい行動を後押しするためには、生徒に「声」を発する機会と「選択肢」を与えることが効果的な方法となります。[4] ある生徒が時間どおりに課題を終えて「勤勉さ」と「責任感」を示したときは、次の活動において取り組む課題が選べるように、その生徒には選択肢をいくつか提供するようにしましょう。自分の時間をどのように過ごすかが選べると、望ましい行動は促進されます。また、責任を果たすことが自由につながるということをクラスのみんなに示すことにもなります。

（4）「声」を発する機会については『私にも言いたいことがあります』を、「選択肢」の提供の仕方については『教育のプロがすすめる選択する学び』を参照してください。

「何が期待されているのか」について生徒が知っておくことは重要ですが、同じく、「期待に反する行動をとってしまったときにはどうなるのか」についても知っておくことが重要となります。理想としては、学校が関係修復のアプローチを取り入れた生徒の行動記録システムを構築することです[5]。

ステップ2　関係修復のアプローチを確立する

あらゆる授業における生徒の様子が記録できる方法を導入して、生徒の状態を全教職員がきめ細やかに共有できるようにし、生徒の行動改善に対する支援に取り組んでください。もし、学校全体での取り組みが難しい場合は、あなた専用の記録システムを用意する必要が出てきます。

本書を参考にしてもらえれば、あなたやあなたの学校は、生徒にとって真の関係修復となるような方法を構築することができます。まずは、減点法、行動チェック表、その他の方法などについて、「問題行動がもたらす結果」を明確に設定する必要があります。もし、あなたがまだ「問題行動がもたらす結果」を設定していなければ、何らかの方法を使って早急に設定するようにしてください。そして、それを早い段階で生徒と共有しておけばあなたは生徒と穏やかに向きあうことができ、不必要な対立を避けることができます。

きちんと設定することで、生徒はすでに問題行動を起こすとどうなるのかについて理解した状態になります。あとは、ただそれをきちんとあなたが実行に移しさえすれば、生徒を個人的に批判するようなものではなく、「問題行動がもたらす結果」がみんなにとって平等で共有できるものとなります。

ステップ3　前もって確認し、注意し、結果を与える

「ルール」の代わりに「期待」を共有するからといっても、特定の問題行動を禁じてはいけないということではありません。行動に関してクラスの秩序を保つために、次の手順を活用してください。

事前に確認する――事前に「どのようなことが求められているか」を確認することは、クラス全体で改めて「期待」を共有することになります。そして、事前の確認のときにより具体的な内容を含めれば、生徒は「期待」に応える方法をより理解することになります。

事前に確認しておくことで、予測される問題も明確にしておくことができます。たとえば、生徒が「ジグソー・リーディング」[6]をはじめようとしているとします。生徒が席についたら、期待

(5)「ハック9　誰にとっても参考になる最低限の記録をとる――データを活用して生徒を支え、問題行動の連鎖から生徒を守る努力をする」で詳しく説明します。

されることについて確認します。彼らへの「期待」を、「しっかり集中して課題に取り組むこと」に設定するとしましょう。「期待」を設定したら、その姿がどのようなものかについて次のように説明します。

「まず、自分が選んだ文章を読んで、一五分以内でその内容を要約してください。その間は、集中して、そのことだけに取り組まなければなりません。気が散ってしまいそうなものはカバンの中に入れましょう。もし、一五分もかからずに課題を終えてしまったときは、家で読むことになっている宿題の本の一〇七ページ以降を読んで、残りの時間を過ごしてください」

これで生徒は、どうすることが「しっかり集中して課題に取り組む」ことになるのかについて正確に知りました。彼らは、課題に集中して取り組む必要があることを理解し、そのために気が散ってしまいそうなものをしまっておくこと、そして早く終わったときには残りの時間をどのように使うのかということについても分かりました。(7)

注意する——注意するときは、クラス全体にするのではなく、一人の生徒もしくはグループに対して行いましょう。また、注意するときには次の三つを含めるようにしてください。

・生徒が「期待」を思い出せるようにすること。
・「期待」になじまない行動とは何か、それがはっきり分かるように伝えること。
・望ましくない行動が続く場合に与えられる「結果」についてあらかじめ知らせること。

先ほどの例に戻りましょう。生徒は「ジグソー・リーディング」に取り組んでいます。あなたは、アヤナが顔を伏せていることに気づきました。彼女のそばへ行って腰を下ろし、共感を基本としながら「何があったの？」と尋ねましょう（問題に向きあう前に、まずその相手に向きあうことを忘れないでください）。

「もう課題は終わったよ」と、彼女は言いました。

「それはすごいわね。要約を上手にまとめてあるね。課題が早く終わったときはどうするんだったかな？　顔を伏せているのは、課題に集中して取り組んでいることにならないわ。今日、家で読む予定の本を一〇七ページから読みはじめましょうね。これだけの要約を書けたのに、このま

（6）　ジグソー法を応用した読む活動のことです。いくつかのグループに分かれ、授業で扱う文章をいくつかのパートに分けたものを各グループに配布します。各グループで配布されたパートをしっかり読んだあとで、一人ずつほかのグループのメンバーと再グループ化を図ります。そこで、自分のパートについてほかのグループのメンバーにしっかりと伝え、質疑応答をすることで理解を深めるという効果を目指します。

（7）　日本でよくある例は、体育館で開かれる学年集会のために一三時に集合するという指示を与える場合、どのような姿であればよいのかについて必ず生徒と事前に「期待」として共有しておくことが大切となっています。ただ体育館に移動しておればよいのか、クラスごとに整列しておく必要があるのか、点呼も終えて座っている状態でなければならないのか、一三時からすぐに話がはじめられるように私語をせずに静かにしていなければならないのかなど、「期待」されている行動が何であるのか、生徒と事前に共有されているかということです。

ま顔を伏せて何もしないでいると、私は家族に報告しなければならないの。授業中の気になる行動を家族に伝えることは先生の大切な仕事で、必ずしなければならないことなの。でも、そうしなければならないということは、私にとっては非常に残念なことなの」

あなたはアヤナに、課題に集中して取り組むという「期待」を思い出してもらい、彼女が顔を伏せているという望ましくない行動に「注意」を与え、その望ましくない行動がもし続いた場合の「結果」について事前に伝えました。この時点では、あなたはにっこり笑って、アヤナが行動を起こすための時間的な余裕を与えます。ほかの生徒のところを少し回って、アヤナが行動を立て直すための時間を少し与えてあげてください。

アヤナが課題に再び取り組むようになれば、次に彼女の席のそばを通りすぎるときににっこりと笑って、「いいね！」というジェスチャーをするか「ありがとう」と言って、アヤナが望ましい行動を自分のものとして定着させられるように支援してください。

「結果」を与える――「期待」を事前に確認することや、望ましくない行動を注意することは、生徒との間に「自分のとる行動には必ず結果が生じ、その結果を通してきちんと責任を果たすことになる」という共通理解があって初めて活きてくることになります。

生徒は、「期待」されている内容とともに、望ましくない行動をとった場合にはどのような「結果」につながるのかについてあらかじめ知っておく必要があります。注意を受けてもなおその行動を続けると何が起こるのか、生徒はそのことを事前に理解しておかなければなりません。そして、あなたは、どのようにその「結果」を遂行するかについて、自分のなかで明確にしておく必要があります。

注意をするのは一回だけにしましょう。もし、何回も注意をすると、「注意は何回もされるものだ」と生徒に思わせてしまいます。そうすると、ある生徒には一回の注意だけで「結果」が遂行されるのに、別の生徒には何回も注意の段階があって待ってもらえるという事態が生じます。行動を変えるべきタイミングが混乱するほか、必要のない対立の原因をつくり出してしまうことにもつながります。

また、生徒に「結果」を与えるときは問題行動を題材にして、コーチングによって本人を支えるようにしてください。丁寧に生徒と対話することによって、ほかの生徒にどのような影響を与えてしまったのかを理解してもらい、損なってしまったことを修復するチャンスを活かし、成長につなげることができるのです。

「生徒との関係を保つこと」と「共通理解した『期待』のもとで教室の文化を維持すること」との間でバランスをとることはとても難しい、と感じられることがあるかもしれません。しかし、新学年の最初に、その「期待」の共通理解に時間をしっかりとかけ、労力をいとわなければ、個別に対応しなければならない問題は少なくなります。一例として、先ほどのアヤナの話の続きを見てみることにしましょう。

アヤナとあなたとの関係は今でこそ良好なものですが、実は、彼女があなたに心を開いてくれるようになるまでには何週間もの時間と努力が必要でした。あなたはアヤナに注意をしたあと、彼女がどうするかと様子を見ました。しかし彼女は、自分の本を取り出して一〇七ページを開いたものの、本の横に顔を伏せてしまっています。

あなたは、苦労して築いてきたアヤナとの良好な関係を危険にさらしたくはありません。もう一度だけ彼女に注意することにしますか？　いいえ、それはいけません。注意は一度だけにしなければ意味をもたなくなってしまうのです。アヤナのそばに行って腰を下ろし、行動の「結果」として今後生じることについて彼女に伝えましょう。

「アヤナ、あなたがまた顔を伏せてしまっていることはとても残念よ。集中を続けることが難しいことは分かるけど、自分から進んで本を読むにはどうしたらいいでしょうね。アクティブ・リーディングの方法については、授業の初めに習っているから知っているよね。残念だけど、あなたの今回の行動は、授業中の気になる行動として記録させてもらうね。私にとっても本当に残念なことなのよ。次の活動のときには、あなたが話し合いにしっかり参加していることを期待しているわ。あなたはよく分かっていると思っています。あなた自身にとってプラスにならない行動を積み重ねるのはもうやめましょうね」

「結果」を与えることによってあなたの教室は、「一生懸命に課題に取り組む」という「期待」を生徒が実現する場所であり続けることができます。気持ちのうえでアヤナに寄り添うことで、あなたはアヤナの人格に対して「結果」を与えているわけではない[8]ことを示しています。

教室で共通理解しておいた「結果」を実際に遂行する際、その生徒とあなたとの関係が良好であるかそうでないかは関係ありません。教室において、生徒が「自分の行動の結果としての責任をとる」ことは、教室の文化を維持するためにもっとも基本的なことであり、必要なことなのです。

明確な「結果」を生徒が引き受け、行動の方向修正をすることは、生徒に対する個人的な非難ではなく行動そのものを問題にしています。平等に「結果」を与えるように気を配ることが大切です。生徒に「結果」の責任をとってもらうとき、あなたと生徒がどのような関係にあるかは関係ありません。「期待」と「結果」は誰にとっても同じでなければなりません。唯一の例外は、ひときわ特別な配慮を必要とする生徒の場合です。そのような生徒については、生徒支援担当の教職員と密接に協力して、適切で具体的な行動指針を個別に作成しておく必要があります[9]。

（8）人格や性格を批判しているのではなく、行動を問題にしているということです。

（9）特別な支援を要する生徒も基本的には同じ「期待」を共有します。しかし、ひときわ配慮が必要な生徒については、あらかじめ適切な対応について別途計画し、共有しておく必要があります。

 課題を乗り越える

生徒、保護者、管理職は、時には一〇個以上にも上る「ルール」のリストを教師が教室に掲げることに慣れてしまっています。それだけに、一般的で漠然とした「期待」のリストには少々不安を感じるかもしれません。

不安1 「生徒には、何事にもルールが必要です」

このような発言に対しては、「ルール」によらなくても生徒を望ましい行動に導けると伝えましょう。たとえば、「安全で清潔な環境を保つ」という「期待」のもと、生徒は多様な方法を考え出して実現することができます。あなたはその「期待」に沿って、前向きな習慣を身につけられるように生徒を支えるのです。

これらの習慣を身につけ、前向きな行動をますます積み重ねることによって、生徒は自分を取り巻くコミュニティーのより良いメンバーになっていくことでしょう。私たちは、「ルール」ではなく「期待」を、また「ルールを遵守すること」ではなく「前向きな学習環境で自由に考え、それを伸び伸びと表現すること」の必要性を強調する必要があります。

不安２　「私の仕事は教えることです。子どもの人格は保護者が気にすればいいでしょう」

そのとおりです。子どもたちに基本となる倫理観を少しずつ段階的に育んできたのはまさに保護者です。[(10)]もし、子どもたちがそのような基本を身につけていなかったとしても、それは子どもたちのせいではありません。子どもたちは、人生において多くの大切な人たちから学びます。その成長過程に教師の存在は欠かせません。事実、保護者のスケジュールや諸事情により、保護者よりも教師と過ごす時間のほうが多いという生徒がたくさん存在しています。

念のために言いますが、保護者が子育ての講座を受けたり、子どもが学校で順調に過ごすためにはどうすればよいのかを学んだりしなければならないということではありません。教師である私たちが保護者を支える必要があります。保護者と常にコミュニケーションをとり、協力しあうことを通して学校で私たちが行っていることを伝え、どのようにサポートしてもらえるとよいかについて理解してもらいましょう。[(11)]

もし、生徒が歩もうとする方向を修正する必要を感じるときには、私たちは教科指導の年間指

---

(10)　原文では「X, Y, and Z」と書かれています。よく物事の基礎として使われる「ABC」は、どちらかというと教育的な基礎のことを指し、この「XYZ」は、同じ基礎でも倫理的な面を指して使われていると思われます。

(11)　このテーマで参考になるのが『子育てのストレスを減らす10の「魔法のことば」――子育てをハックする』です。内容をよく読むと、そのほとんどが学校での生徒指導や学級経営に使えることに気づかれるでしょう。

導計画上にないことに取り組む必要が出てきます。どちらにせよ、私たちがすることはすべて教科指導に結びついてくるのです。

生徒は、自分の学習課題をうまく達成するために、どのように行動すればよいのかについて知る必要があります。また、ほかの生徒が課題をうまく達成できるように、自分はどのように行動すればよいのかについても知る必要があります。生徒たちは、明確な「期待」が共有されることによってこれらのことを学びます。

ハックが実際に行われている事例

インディアナ州インディアナポリスにあるパデュー高等工業専門学校では、生徒は一日を通して一〇個以上の教室に行くことがある。そこでは、教師は「コーチ」と呼ばれており、自分の教室をもっていない。彼らは、校舎内のさまざまな教室を使って生徒を教えたり、課題に取り組む生徒を見守ったり、個別の相談に乗ったりする。

生徒にとって、教師ごと、および教室ごとの「ルール」を知るのは非常に難しい。同じ教室でも、一日に何人もの教師が使用するため、出入りする教師ごとに「ルール」が変わってしまう。このように複数の教師が同じ教室を使わないにしても、多くの中学校や高校では、一日中、生徒は多くの教師や教室ごとの異なる「ルール」に直面している。

パデュー高等工業専門学校では、いくつかの実験室や自習室では飲食が許されていた（飲食を許可していない教師や床のパン屑にいらだっていた教師は、大いに失望していた）。ほかの例では、スマートフォンの使用についても、許可している教師と許可していない教師がいた。また、ある教師の授業が終わり、別の教師がその教室に入ってきたとき、その教師の「ルール」を生徒が破ったことでよくトラブルが起こっていた。しかし、生徒は、数分前までそこにいた教師の「ルール」は守っていたのだ。

教師間での「ルール」の不一致は、生徒を混乱させるだけでなく、時には生徒と教師との対立を引き起こす原因ともなった。生徒は、「今問題になっている行動は、別の教師であれば許してくれる」と主張する。もちろん、このようなことは教師間における緊張関係を引き起こすことにもなる。生徒は、許してくれる教師がいることを引き合いに出して、意図的に教師間の対応の違いに話をもっていき、トラブルに見舞われることを避けようとする。

管理職は、教師たちにはそれぞれの「ルール」があり、教室で許される行動リストが常に変化していることに気づいた。問題は、生徒にとって一貫性がないということだけではなく、「ルール」がまったく答えになっていないということであったと明確に認識した。

「ルール」ではなく、学校全体での「期待」を明確に設定する必要がある。管理職は、それぞれの教師がもつ「ルール」を集め、種類ごとにまとめて分類し、分類された「ルール」群をまとめられるような「期待」をそれぞれ作成することにした。

「期待」は、「生徒は何をすべきではないか」を多数列挙するのではなく、「生徒は何をすべきなのか」に焦点をあてて簡潔に表現する。たとえば、次のようなルールがあるとする。

・スマートフォンは使用してはいけません（先生によって異なります）。
・飲食は禁止されています（先生によって異なります）。
・課題が終わったら、ヒソヒソ声でなら話してもよいです（先生によって異なります）。

これらに代わって、「期待」では次のようになる。

・学習や作業に集中しましょう。
・安全で清潔な環境を守りましょう。
・空間を効果的に共有しましょう。

各教室に「期待」を書いた紙を貼り、「期待」を機能させるためにはどのように一丸となって取り組めばよいのかについて教職員たちが研修を受けた。教師には、授業や実験をはじめるときには、生徒と「期待」を共有して望ましい行動が何かを改めて確認し、必ず生徒に「期待」を思い出してもらうことを促した。生徒が課題に取り組まないときは、どのような「期待」が遂行されていないかを明確に伝えるようにと、教師たちはアドバイスを受けた。

たとえば、生徒に「ゲームをやめなさい」とか「隣の生徒と私語をするのをやめなさい」と言う代わりに、「私たちの『期待』の一つ目は、学習や作業に集中して取り組もう、だったよね」と言うことができる。

教師が一丸となって「期待」をともに共有することができれば、どの教師であっても、校舎のどこにいても、同じメッセージを生徒に届けることができる。そうすれば、共通理解した「期待」は学校のどこにいても実践することが求められていることを生徒が理解するようになり、場所や教師の違いを言うこともなくなる。

生徒に「何をしてほしくないか」を伝えることに重点を置くのはやめましょう。私たちは、前向きな人生の習慣を身につけるためにどのような選択をすればよいのかについて生徒が理解できるように支援する必要があります。課題に集中して取り組むこと、安全で清潔な環境を保つこと、

ほかの人と上手に空間を共有することなどを生徒に教えることは、よい市民として成長することにもつながります。少なくとも、「授業中は水筒のお茶を飲んではいけません」とだけ教えられている生徒よりはよい市民になるでしょう。

私たちには、生徒の行動を修正する方法に一貫性をもたせる必要があります。また、「結果」を与える際には、公正かつ公平でなければなりません。生徒との良好な関係を維持することと「期待」を遂行することは、互いに相反するものではありません。それらは一つのものなのです。

生徒には「愛」が必要ですが、それだけでなく、「日々の生活の基盤となる仕組み」、「安全な環境」、「予測可能性」も必要です。次章では、生徒の望ましい行動を支えるための「支援」、「期待」、「ルール」を経て、さらに「関係修復のアプローチ」によって生徒の行動に長期的な変化を生み出すためにはどのようにすればよいのかについて話を進めていきます。

ハック5

成長マインドセットを育てる

生徒を運転席に戻す

あなたが「自分にはできる」と思っても、
また「自分にはできない」と思っても、あなたは正しい。
(ヘンリー・フォード)*

(＊)(Henry Ford, 1863～1947) 自動車会社フォード・モーターの創始者です。

問題――あまりにも多くの生徒が固定マインドセットをもっている(1)

あなたは、前の学年で教えていた先生に、「どの生徒に気をつけておくとよいですか？」と尋ねたことはありませんか？　または、「この生徒はトラブルメーカーだから、注意したほうがよい」などと言われたことはありませんか？

私たちは、生徒が教室に入ってくる前に、「こんな生徒」、「あんな生徒」という先入観をもって生徒を見てしまっていることがあります。他者や自分をいくつかのカテゴリーに分けることは人間として自然な傾向ですし、そのようなカテゴリー分けを私たちの祖先は、自分の仲間とそれ以外の危険な人々とを区別するのに役立ててきました。

現代においてもまだ私たちは、レッテルを貼った箱に自分や他者を押し込めようとしています。数学の得意な生徒と、そうではない生徒。しっかり取り組む生徒と、邪魔ばかりをする生徒。そして、かつて教えるのにとても苦労したその生徒のお兄さんと同じく、態度のよくない生徒などです。

関係修復のアプローチでは、このような先入観を取り払うことが極めて重要となります。というのは、あなたがこのような先入観をもってしまうと、生徒たちが自分を変えようとして謝罪したり、何かに取り組んだりすることを、教師であるあなたが受け入れることを困難にしてしまうからです。また、自分自身についてこうした先入観をもっている生徒自身も、よい変化をすることが自分には難しいと思い込んでしまうことになります。

ちょっと、次のように生徒の身になってみてください。

何か新しいことについて教師が授業をしているとします。あなたは、クラスのみんなも自分と同じように授業の内容があまり分かっていないのかな、と思いながら座っています。もちろん、あなたは、「でも、分かっていない人なんてほとんどいないだろうな」と思っているので、手を挙げて質問するようなことは恥ずかしいからしません。でも、あなたが知らないだけで、実は多くの生徒がまさにあなたと同じように授業の内容が理解できずに混乱していて、どうしたらよいか分からないまま少しいら立ちを感じています。

あなたは問題に取り組んでみましたが、すぐにはうまくいきません。ちょっとがっかりです。

（１）　マインドセットとは「思考様式」、つまり「物事の見方や考え方。先入観や信念、判断基準、無意識の思い込みなど含む思考の傾向」です。固定マインドセットとは、思考が固定化し、学びをプロセスで捉えずに結果で判断してしまうような思考様式のことを言います。一方、成長マインドセットは、努力すれば伸びたり、自分の変化する能力を信じたりする思考様式です。

でも、もう一度やってみて、そのあと続けて何回か練習してみました。すると、忍耐力とやり抜く力の甲斐があって、授業で示された新しいスキルを獲得することができました。もう、あなたは、自然とできるようになっています。そして、もはや、ほかの生徒が何回くらいでできるようになったかなど、気にならなくなっています。

このようなことは、おそらく実際に起こっていることでしょう。学びは、どのような形であれ、みんなに同じように起こります。トマス・フラー(2)が言っています。

「何事も最初は難しく、やがて簡単になる」

もちろん、生徒のなかには勘がよくて、素早くスキルを習得できる子どももいるでしょう。でも実は、素早くこなす人たちの多くには隠された事実があります。それは、「素早くできなければあきらめてしまう」ということです。

習得が早いと考えられている生徒たちの多くは、もともと聡明で、才能があるというアイデンティティーを自らのなかに築いています。彼らは、ほかの生徒ほど一所懸命がんばらなくても、すぐにできるようになることに慣れています。しかし、ここでの問題は、簡単に、あるいはすぐには乗り越えられないようなことに直面したときに、どうしたらよいのか分からなくなってしまうということです。イライラして、自己嫌悪し、時にはあきらめてしまうのです。

一つのことに何度もチャレンジしてきたほかの生徒とは違って、彼らは問題に何回もチャレンジするという基本的な姿勢が欠けているのです。

スタンフォード大学の教授で、『マインドセット』（今西康子訳、草思社、二〇一六年）の著者であるキャロル・ドゥエック博士は、この思考の固定化（学びをプロセスで捉えずに結果で判断してしまうこと）を「固定マインドセット」と表現しています。固定マインドセットをもつ人は、「性格や知性や才能は固定的で変化しない」と信じています。固定マインドセットのもち主は、とくに「失敗や批判にさらされること」を恐れます。なぜなら、向上したり、次回により良い結果を残したりするためにできることは何もないと思っているからです。つまり、今ある状態は固定的で、何も変わらないと思っているわけです。

固定マインドセットをもつということは、「うまくできないことを最初から本能的に避ける」ことを意味します。もし、算数・数学が得意でなければ、「自分は算数・数学が不得意で、どうやってもできるようにはならないし、やってみるだけ無駄だ」と考えてしまうのです。

また、固定マインドセットをもった生徒は、教師の言うことがすぐに理解できなかったり、ほかの生徒と同じくらい素早く新しい方法が習得できなかったりするとすぐにあきらめて、「自分

（２）（Thomas Fuller, 1608～1661）イギリスの教会員であり歴史家でした。彼には多数の著作があり、ペンだけで生活できる最初のイギリス人作家の一人です。

は読むのが不得意だ」などと考えてしまいます。こうした固定マインドセットが、読むこと自体から完全に遠ざけてしまうこともあるのです。

学習において固定マインドセットは、挑戦を楽しむことから生徒を遠ざけてしまいます。もし、何かに初めて挑戦し、少し努力をしてみたけれど理解できないという場合は、これ以上続けてやっても意味がないと決めつけてしまうのです。彼らは、「結局、知性は固定されているのだ」と思い込んでいますので、いくら挑戦しても理解できるようにはならないという状況を変えることができないのです。

「努力は無駄だ。やっても失敗に終わるだけだ」

生徒たちは、自己否定的なささやきの渦に巻き込まれて、「自分はたいしたことは何もできない」と思うようになってしまうかもしれません。

多くの生徒は、このような状況に陥ることからはじまって、自分の欠点や弱みを、破壊的な行動で覆い隠そうとするようになります。ある生徒は、あまり理解できない算数の授業において、教師に「台形の面積を計算するように」と指名されたとき、誰にも気づかれずにその指名がなかったことにならないかと期待しているかもしれません。さらに、その生徒にとっては、教師がまるでスペイン語でその質問をしたかのように聞こえているかもしれません（ちなみに、彼は両教科とも不合格の成績です）。

それ以外にも、みんなにバカにされたくないので前の席に座っている生徒の耳をつねって、「廊下に出るように」と言われることを選択してしまいます。授業に出られなくても何の問題もありません。また、授業で学習した内容を確認するために出された宿題をやってくる必要も感じていません。どうせ算数は得意じゃないのですから。

同じく、固定マインドセットと「自分は不十分だ」という考え方は、「自己充足的な予言」にもつながります。(3)

社会的な見地から言えば、固定マインドセットは責任を回避する言い訳につながります。固定マインドセットに支配されてイライラしている生徒は、怒りの感情とうまく付き合う方法を拒否することでしょう。

固定マインドセットの人は、責任を受け入れるよりも、葛藤のなかに身を置いたまま、他者や置かれた状況を一方的に非難し続けるという傾向があります。そのような人は、ある二人の間で

---

(3)　自己充足的な予言とは、アメリカの社会学者ロバート・K・マートン（Robert King Merton, 1910～2003）が提唱した心理学用語です。ある状況を実際にそうだと思い込むことで、その状況が結果として現実に表れてくることを言います。「今日は素敵な一日になる」と思うと、よいことばかりに注意が向けられて、結果として「素敵な一日」になるというようなことです。ここでは、自分は不十分だ、自分は変われないと固定的に思い込むことで、ますます自らを否定的にしか見られないような現実が実際に生じてしまう、と説明しています。

起こった問題は、いかなる問題も平行線をたどると考えます。なぜなら、人の性格や特徴は変化しないと思っているからです。(4)

そのような生徒は、たとえこちらがサークルを使って問題の解決策を探ろうとしても、ずっと心を開かずにいるかもしれません。どうやっても変わることができない、と思っているからです。このような生徒は、成長の機会が訪れても、「私は今までもこうしてきたし、これからもこうするからもういい」と言うかもしれません。

変われるはずがないと思い込んでいる生徒は、サークルなどの方法を受け入れないかもしれません。そのような生徒は、自分が潜在的にもっている社会的、感情的、学業的な能力を開発することができない可能性もあります。

もし、生徒自身が成長できると思えなければ、現在や未来の成長は制限され、人生のあらゆる面において悪影響を及ぼすことになるでしょう。最終的には、希望する学校や大学への入学、望む仕事を見つける機会までも潜在的に狭めてしまい、学校や人生で「うまくいかない」という結果をもたらすことになってしまいます。

教師として私たちは、生徒にはそのような固定マインドセットから脱却してもらい、その代わりに、成長マインドセットを育成するための支援方法を見つけなければなりません。

ハック――成長マインドセットを育てる

成長マインドセットを構築するための支援に向けた最初のステップは、まず生徒たちの自信を支え、大きく育てていくことです。多くの生徒は、学校の勉強がうまくいかないことが原因で問題行動をとっています。もし、彼らに勉強に対する自信をもたせることができれば、自ずと行動も変化してきます。

生徒は、マスターしようとするどのようなスキルに対しても、全力を投じる前にまず自分が変われるという信念をもち、成功すると信じられるようにならなければなりません。

（4）固定マインドセットの人はさらに、固定的な状態が考えの基本にあるので、常に自分と相手との関係について、勝つか負けるか、立場や力関係が上か下かといった見方にこだわってしまいます。

> ほとんどの生徒は、たとえ表面に出さなくても、勉強がうまくいかないことを気にしています。もし、生徒が固定マインドセットのせいで何かをはじめる前にあきらめてしまったら、生徒は自信とそれに続く成功までも逸（いっ）してしまうことになります。そのような生徒を立ち上がらせ、彼／彼女自身が成長できるということを示してあげましょう。

成長マインドセットと固定マインドセットについて教える方法はたくさんありますが、生徒自身の経験とそれをつなげると、生徒はより早く、より理解することができます。成長マインドセットと固定マインドセットとは何かといった分かりづらい説明からはじめるのではなく、生徒自身が成長マインドセットで自然に行動したときのことを振り返ってもらいましょう。

❶生徒に、今とても上手にできることを最初に行ったときのことを思い出すように言ってください。よくある例としては、自転車に乗ること、バスケットボールのフリースローをすること、料理などです。小グループで、それぞれの話を共有するとよいでしょう。

❷次は、初心者レベルから現在のレベルに到達するまでに歩んできたステップを図に表してもらいます。自転車の場合は、平坦な歩道で補助輪をつけて乗るところからはじめたことでしょう。それから、ペダルをこぐことなく、バランスをとることに集中して坂道が下りられるようになったでしょう。何度も痣(あざ)ができたでしょうが、今は手放しで近所をグングンと走っています。

❸それぞれの経験してきた過程がどのようなものであれ、生徒には最初から現在の状況に至るまでのステップを描写させてください。小さな輪になって共有するとよいでしょう。

❹生徒に、今まさに成長マインドセットで過ごした（つまり、練習すればできるようになるという自分の能力を信じた）ときのことを振り返った、ということを説明してください。先ほど紹

介した自転車の話は、教室でも起こり得ることの一例として用いてください。

❺これらの「成長の過程」を壁に貼って、難しい課題を通して成長が可能だということを、生徒たちが何度も振り返って確かめるために使ってください。

十分な努力をすれば自分は向上できるし、変われるという考え方を生徒が素早く理解できるように、「成長マインドセット」という言葉をできるだけ頻繁に使ってください。生徒が関係修復のアプローチに参加したり、サークルに入ったりするときには、自分自身についても、友だちについても、クラス全体の文化についても、成長マインドセットを保つことを思い出させます。

ある高校のバスケットボールのコーチの言葉として、「才能があるのに努力しないとき、努力は才能を凌駕する」という有名なものがありますが、これは勉強についても言えることです。成功するのは、生徒たちがもっと高みを目指して、一所懸命勉強し、必要なときに助けを求め、あきらめないときなのです。

すぐに結果が出なかったり、悪い成績をとったりしてもストレスを感じるのではなく、その状況を改善の機会として生徒が捉えられるように支援してください。もし、彼らがあきらめたら、時が経つにつれて事態は悪化することになるでしょう。なぜなら、授業における次の課題や概念を理解するためには、今現在取り組んでいる課題や概念を理解しておく必要があるからです。

成長マインドセットは、あなたの教室にとって大切な環境をつくりあげ、レジリエンス（簡単にはへこたれない、または落ち込んでも再起できる力）のある学び手を育ててくれます。成長マインドセットをもった生徒たちは、ある事柄に対してお互いに建設的に挑戦するのでより良い関係も構築していきます。

そうした生徒は、より自分の行動に責任をとろうとする傾向が生まれます。なぜなら、自分には学ぶ能力があり、次はできると信じているからです。このことは、関係修復のアプローチにおける重要な構成要素ともなります。

あなたが明日にでもできること

教室全体で、すべての生徒を対象にして、マインドセットを包括的に変化させることは、荷の重い課題のように感じられるかもしれませんが、小さなステップを積み重ねていくことが大きな変化へとつながります。生徒が成長したり変化したりするためには、関係修復のアプローチを経験する前に、他人はもとより自分自身の能力を信じることが重要です。次に紹介するヒントを参考にしながら、あなたのクラスでマインドセットを変える計画を立てましょう。

成長マインドセットを紹介する――幼いころ、食事を楽しんでいたときの写真を持ってくるよう、生徒に依頼してください。バースデーケーキを食べ散らかしている様子の写真は、このアクティビティーにピッタリです。生徒たちが持ってきた写真（デジタルでもプリントでも）を、机の上に見えるように置いてもらいます。

あなたは、クリップボードとペンを持って、きれいに食べている写真には「合格」とうなずき、食べ散らかしている写真には「ダメね」というような素振りをしながら歩き回ってください。

巡回が終わったら、ＰＴＡが主催する特別なディナーイベントに関するお知らせをし、「そのイベントに、大使として招待する生徒を推薦してほしいと頼まれている」と伝えてください。また、「ディナーテーブルで恥ずかしくない振る舞いができる生徒を選ぶつもりです」と付け加えてください。そして、そのイベントに選抜される可能性のある生徒として、小さいころの写真のなかできれいな食べ方をしていた生徒の名前を挙げてください。

あなたが予測したとおり、すぐに生徒たちは次のように言うことでしょう。

「二歳のとき、食べるスパゲッティよりも服にこぼすスパゲッティのほうが多かったからといって、今でも食べるのが下手というわけではない」

そう、これが成長マインドセットなのです。生徒の多くは、たとえ上手に食べている写真を持ってきた生徒であっても、最初はこぼしたり散らかしたりする食べ方からスタートして、何年もかけて現在のように食べられるようになったのです。生徒のテーブルマナーは生まれつき備わっていたものではありません。何年もかけて練習して、初めてできるようになったのです。クラスで成長マインドセットについて話をするときには、このような例を使ってください。

快適ゾーンを広げる(5)——成長マインドセットをもつということは、未知の領域を探索するということになります。何か新しい物事を学ぶということには恐れが伴います。「快適ゾーン」に留まっているほうがよほど安全でいられます。「多くの人は変化や成長を恐れるものだ」ということを生徒に伝えて、安心させてあげてください。

しかし、快適ではない感情を感じつつ何か新たなことに取り組むことが人として成長する唯一の道なのです。もし、私たちが生徒を快適ゾーンから押し出すことをしないのなら、新たに夢中になれることを発見したり、困難に立ち向かったり、自信を獲得したりする機会を一度も与えないということになってしまいます。一方、もし私たちが生徒を快適ゾーンからかなり遠くへ、またはあまりにもむやみに押し出してしまったら、恐怖のなかに生徒を突き落としてしまうことにもなります。

関係修復のアプローチ(6)を用いるときには、このことを心に留めておかなければなりません。カンファランスやサークル(7)を活用して、生徒のレディネス（準備状況）を常に確認しながら進めていってください。そして、生徒たちが防衛的になったり後退したりすることがないように彼らの成長を促してください。

その第一段階として、どうすれば無理なく、しかも確実に自分たちが成長できるのかについて生徒が理解することを支援します。「成長ゾーン」という概念を生徒に紹介しましょう。成長ゾーンには、「快適ゾーン」、「挑戦ゾーン」、「危険ゾーン」という三つの領域があります。

「快適ゾーン」では生徒はリラックスしており、あらゆるものがコントロール可能だと感じています。言ってみれば、ストレスがほとんどない状況です。慣れ親しんでいるので安心感もあり、生徒は安全だと感じ、自分の能力に自信もあります。ギターを弾けるようになってから何年も経つ生徒が友だちとギターを演奏するようなときは、快適ゾーンにいると感じることでしょう。

（５）安心できる、慣れ親しんだ領域という意味です。

（６）カンファランスは、生徒と教師の一対一での数分間のやり取りを意味します。病院に行ったときの医者と患者の問診をイメージしていただけると分かりやすいでしょう。基本的には授業も異なるニーズをもった生徒を対象にしていますから、一斉授業よりもカンファランスをベースにした授業のほうが効果・効率的ということです。これを理由としてはじまったのが、ライティング・ワークショップとリーディング・ワークショップです。従来の国語の授業よりもよいということで、欧米ではかなり広範に普及しており、今はそれが他教科にも応用されつつあります。http://projectbetterschool.blogspot.com/2015/03/blog-post.html

（７）「ハック２　サークルになりましょう」を参照してください。

「挑戦ゾーン」では快適と感じないこともありますが、生徒にとっては耐えられる範囲です。生徒は挑戦ゾーンにしばらくの間留まることで、だんだんとそこが快適ゾーンになっていきます。

前述したギター演奏に参加している友だちが、新しいコードをマスターしようとしているとしましょう。彼はそれに少し苦戦しており、自分よりずっと上手な友だちの前では弱気になります。しかし、より練習をすればよりスムースに弾けるようになります。時が経つにつれて彼は上手になり、快適ゾーンが少し大きくなり、そのコードはもはや彼にとっては難しいものではなくなるでしょう。

「危険ゾーン」では、生徒は不安や恐れに支配されるため、早く快適ゾーンに戻って安心したくなります。このゾーンでは、争いや思考停止、本能が主導権をもちます。危険ゾーンの例は、すぐそばに蜘蛛がいることに気づき、叫びながら部屋を飛び出していくようなときです。もし、危険ゾーンの状況が深刻なものであれば、次の展開を考えることすらできません。

生徒がこれら三種類の成長ゾーンをいったん理解すれば、彼らが前進するためにとる最初の数ステップを前もって確かめておくことができます。身近に起きそうなことを生徒に示して、カンファランスやサークルにこの考えをもち込みましょう。

モデルを示す――すべての教師にとって、自分がまだ知らない、興味もあまりない何かについて学ぶ機会が頻繁にあるというのはよいことです。なぜなら、それは教室においてあなたの生徒に日々起こっていることだからです。生徒は今まで見たこともないようなことにさらされ、したこともないことをやってみるようにと言われています。

これが生徒の日常なのです。本当に大変です！　生徒がどこで痛みを感じそうかを予測するための最善の方法は、あなたが生徒と一緒に歩むことです。

生徒に成長マインドセットの概念を紹介する前に、あなた自身が「成長ゾーン」を体験していることを紹介してください。最近、新しい趣味をはじめたことはありませんか？　常に、自分の進歩を写真に撮って掲示してください。学校の情報科が採用した最新イノベーションの機器を使いこなすまで大変ではなかったですか？　その機器をあなたが使いはじめた最初のころの様子を通して、苦労しているところを生徒に見せましょう。そして、オンラインビデオの課題が設定できるようになったら、生徒の前で自身の喜ぶ姿を見せてください。

悪戦苦闘している様子を誰かに見られるということは、その本人を傷つきやすい恐ろしい場所に追いやることになります（何かをあまりにも急いでたくさんしすぎると、あなたはまっしぐらに危険ゾーンへと追いやられます）。もし、あまりかっこ悪いところは見せたくないというあなたのプライドをちょっと横に置いて、教師として「先生も人間だからうまくいかないときもあれば傷つくこともあるよ」ということをモデルとして示すことができるなら、それは「失敗しても大丈夫！」という、クラスに対する明確なメッセージとなります。

あなたがまだ上手にできないこと（上手になりつつあること）を、生徒に見せてあげてください。そうすることであなたのクラスは、生徒が傷つきながらも挑戦できる安全な場所となります。このことは、関係修復のアプローチが成功するための大切な要素となります。

完全実施に向けての青写真

固定マインドセットから成長マインドセットへの揺るぎない変化を育む際に鍵となる要素は、「失敗を恐れずにリスクをとる」ことを生徒に奨励することです。生徒は、快適ゾーンから自らの意志で一歩踏み出す必要があります。そして、あなたのクラスを支える基盤は、生徒に行動面から学業面まで、最大限に力が発揮できるように「機会」をたくさん提供することです。次に紹介するステップが、あなたのクラスに成長マインドセットが根づくことを助けてくれます。

ステップ1　成長ゾーンを定義する

「成長ゾーン」という概念を生徒に紹介したあと、実際に体を動かしてもらって、成長ゾーンという考えがより良く理解できるようにしましょう。教室を三つのゾーンに分けます。「快適ゾーン」、「挑戦ゾーン」、「危険ゾーン」です。

生徒全員を快適ゾーンに集めます。次にいろいろな場面を言って、生徒が一番ピッタリすると感じるゾーンへ移動してもらいます。「みんなの前で話すこと」のような簡単な例からはじめましょう。

「もし、みんなの前でスピーチして、と言われたらどう思う？」と問いかけ、生徒に三つのゾーンのどこかへ立つように言います。生徒が移動したら、それぞれのゾーンから一人ずつ、そのゾーンを選んだ理由を尋ねます。その後、二〜三の場面を示して、同じく選んだ理由を共有してから元の席に戻ってもらいます。

次のような場合について、クラスで一つ一つ考えてみましょう。

・危険ゾーンの生徒がより快適に感じるためにはどうしたらよいでしょうか？
・挑戦ゾーンにいる生徒が、あまりに慌てすぎて危険ゾーンに行ってしまうことを避け、快適でいられるためにはどのようなプロセスを踏めばよいでしょうか？

生徒には、さらにいろいろなケースを自分で考え出すように言ってみましょう。

・恐れることがないなら、生徒たちはどのようなことをしたいのでしょうか？

・快適ゾーンを挑戦ゾーンへと広げていくにはどのようなプロセスを踏めばよいでしょうか？
・危険ゾーンに留まるのを避けるためにはどうしたらよいでしょうか？

あなたが新しいスキルや概念(8)を生徒に教えたときは、常に成長ゾーンのどこにそれが位置づけられるかと生徒に尋ねましょう。たとえば、あまり読むことが好きではない生徒にとっては、「ロミオとジュリエット」の単元は危険ゾーンにあるかもしれません。一方、その近くに座っている生徒で、昨年、学校の演劇で主役を演じた生徒にとっては、「ロミオとジュリエット」の単元はすんなりと快適ゾーンに収まりそうです。

危険ゾーンから挑戦ゾーンに戻るにはどのようなステップを経ればよいのかについて、クラスで話し合ってください。その例として、クラスで音読する前に「ロミオとジュリエット」を現代語版で読んだり、オンラインで場面の要約を読んだりするなどが挙げられます。同じように、生徒がストーリーの一節を覚えたり、クラスの前で演じたりできるように、自らの快適ゾーンが広がる方法を模索してみてください。

生徒たちは、自らの「成長」と「変化する能力」を信じる必要があります。そして、クラスで成長を経験することによって自らの成長に取り組むことに自信を深めるようになります。このことは、関係修復のアプローチにとっては極めて重要なことです。とくにサークルでは、成長の機会を明確にして共有し、その実現を可能にするステップを段階的に示すことができれば、生徒を真の成長と変化を起こせる挑戦ゾーンに押し出すことができます。

ステップ2　自分の快適ゾーンに気づく

毎朝のはじまりのサークルや関係修復のミディエイションに成長マインドセットで臨むことは、言うまでもなく、あなたにとっても生徒にとっても大切なことです。生徒に、自分の選択を正直に振り返り、行動に責任をもつように求めることは、生徒を傷つきやすい場所（潜在的な危険ゾーン）に移動させることになりますので、あなたには、生徒がより良い選択ができると信じて、チームメイトのような役割を果たす必要が出てきます。

まず、前向きなことを意図的に探して、生徒一人ひとりに対する先入観を取り払うことからはじめてみてください。私たちがおすすめするのは、あなたとの関係が過去においてあまりよくなかった生徒を一人選んで、その生徒を観察することです。その生徒をよく観察して、以前に見逃

（8）　英語では、concept や big idea と言われます。とくに大切な考え方、捉え方という意味です。欧米では、知識よりも概念を重視する教え方に転換しつつあります。そのほうが長期記憶に残ったり、身についたりする確率が高いからです。知識は、スマホ／グーグルですべて分かってしまう時代ですから。『思考する教室をつくる概念型カリキュラムの理論と実践』がおすすめです。

していた「よい面」をメモしてください。

その生徒があなたにまったく敬意を払わなかったときのことを思い返すと、心臓がドキドキしたりすることでしょう（あなたにとって「危険ゾーン」だという警告です！）。授業方法を改善するときと同じく、小さくはじめましょう。不可能ではないけれども挑戦しがいがあることを何か選んでください。その生徒の作品に対して肯定的なコメントを書くとか、その生徒が一日幸せに過ごせるように祈るとかです。

あなたの快適ゾーンが広がったら次のステップへと進んでください。昼食を一緒にとるとか、その生徒のよい行いを報告するために自宅に電話をかけるなどです。

ステップ3 成績のつけ方を検討する

言うは易しですが、残念ながら私たちの多くは、学びのプロセス（とくに成績をつけることに関して）となると、成長マインドセットを適切に実行できているとは言えません。

成績は、好むと好まざるとにかかわらず、入試の際における重要な要素の一つです。単位を落とすことは、生徒が中途退学を選んでしまうもっとも大きなリスクの一つとなっています。授業のなかで、生徒が伸び伸びと成長したり、失敗から学んだりできるように保証するなんて、本当に実現することが可能なのでしょうか？

伝統的な成績のつけ方では、行動面または生徒が元々もっている能力の「よい状態」に対してよい成績が与えられます。(9) 実際のところ、多くの生徒は成績を「集めなくてはならない点数の集積」としか見ておらず、何かを修得できたことの証しとは捉えていません。これは健全なことではありません。それだけに、変化は教室からはじめなければなりません。次に紹介するのは、「成長マインドセットを葬り去ってしまう」四つの成績のつけ方です。

遅れて提出したら減点する——これは単に罰を与えているだけであり、生徒が目標に到達したかどうかについては反映していません。生徒が八〇パーセント理解できたのに、課題の評価は五〇パーセントしかもらえないのでしょうか？　もしそうなら、その生徒の成績は、生徒の理解度ではなく行動を評価したものとなります。さらによくないことは、遅れて提出された課題をまったく受け取らないということです。それでは、失敗から学ぶチャンスが与えられないので、生徒のやる気が失せてしまいます。数字としても、〇点は打開のしようがありません。

再度テストを受けたり、課題の再提出ができない——失敗から学ぶことを大切と捉えるなら、再

（９）「状態」のよさのみが評価されがちで、生徒が努力して挑戦していることが評価の対象にされていないという指摘です。

テストや課題の再提出の機会を与えることは合理的なことになるのではないでしょうか？　コース全部を受け直すことはできるのに、授業のなかで再テストや課題の再提出ができないという状況は理にかなっていると言えますか？

私たちは、生徒にとって、ある特定の日に学んだことが分かることと、分かるまで頑張ることのどちらが大切なのかを決めなければなりません。生徒が何かの単位を落として、それを埋めあわせる機会がないなら、私たちは生徒に何と言ってあげることができるでしょうか？　もし、生徒がある課題をうまくできなければ、同じことを問う小テストも、中間や期末テストもうまくいきません。早めに対応しないと、雪だるまのようにふくれあがってしまいます。

再テストは認めるが、最初のテストの点数と合計して平均点で評価する——大学進学のための適性試験や車の免許試験、パイロットのテスト、司法試験など、有名なテストのほとんどは何回でも好きなだけ受けることができ、そのうち一番高かった点数を自分の点数にすることができます。それに引き換え、平均を出すという学校のやり方は、最終的にどれくらい修得できたのかではなく、生徒がかつて知っていたことと今知っていることとの平均値を報告しているだけです。

宿題やクラスでの取り組みに関する最初の提出物で成績を出している——ほとんどの生徒にとって、何かを初めてするのは難しいことです。もし、私たちがたった一度しか自転車に乗ることを許されず、それで評価されるとしたらどうなるでしょうか？

生徒たちには、できるだけプレッシャーのない状態で新しい概念に挑戦させてあげましょう。すぐに評価されると思うと、生徒は不安になります。または、先生が手伝ってくれないとできないと思ってあきらめてしまうか、ズルをするかのどちらかになってしまいます。

何かを修得するには、何度もその概念に触れる必要があります。生徒が最初に取り組んだことを評価するのはやめましょう。また、それが成績全体に悪影響を及ぼさないようにしましょう。(10)

ステップ４　どのように計画して勉強するのかについて生徒に教える

生徒のモチベーションを保つために、また多々ある困難を生徒が自分で乗り越えられるようにするのによい方法は、最初に十分な準備をしてもらうことです。生徒は、宿題、家の手伝い、スポーツなど、いろいろな活動で多忙な生活を送っています。しなければならないことをカレンダーに書き込み（オンラインのものを使うのもよいでしょう）、勉強するときを計画する必要があります。また、リラックスしたり、楽しんだりする余暇をスケジュールに入れることもすすめてください。

---

(10)　評価と成績の改善に向けてさらに詳しくは、『成績をハックする』を参照してください。また、宿題のより効果的な使い方については『宿題をハックする』が参考になります。

よくできる生徒は上手に勉強します。テストのために暗記するのはストレスですし、効果的な方法ではありません。その代わりに、毎晩、ほんの数分間という少しの時間でもいいので、各教科を勉強するようにすすめてください。このようにすれば、テストに向けて、自分がどこを理解していないかを知ることができますし、教師や誰か教えてくれる人に質問へ行くだけの時間も十分にあります。

また、実際に効率的な方法で勉強することも大切です。もっともよい学習法の一つは、学んだことについて自分でテストの問題をつくることです。そうすることによって生徒は、何がもっとも重要な情報かを見極めることができますし、記憶することもできるのです。

実践のポイント

生徒のなかには、楽なことだけしたくて、楽ができそうな最短コースばかりを選ぶという子どもたちもいることでしょう。そのような生徒は、甘くしてくれて、自分に「高い期待」をもたない教師を好みます。しかし、そのような生徒であっても、あとになってから、高い期待を寄せて背中を押してくれるような教師に教えてほしかったと思うことでしょう。

「高い期待」というのは、ミスをしない、一回でできないといけない、すぐにできないといけない、などではありません。「高い期待」とは次のことを意味しています。

・挑戦していること。
・挑戦していることができるようになるまですること。
・一所懸命取り組むこと。
・必要に応じて、支援が必要だと言えること。

課題を乗り越える

生徒に、「失敗したらどうしよう」と不安に思うリスクをあえてとるように言うのは、なかなかできることではありません。早い段階で、「うまくいった」と感じられる手応えがあるような体験をさせるようにしてください。生徒には、あなたの指導が確かなものだと感じ、その指導について信頼する必要があるのです。

課題１ 「この方法は私の成績のつけ方になじみません」

勉強で苦労している生徒たちは、成績がすぐに上がると保証されていることだけに関心を寄せているかもしれません。そのような生徒たちに成長マインドセットを獲得させ、短期のみならず長期の成功をもたらせることを見せてあげてください。

あなたは、さまざまな方法によって生徒たちに受け入れてもらうことができます。その多くは、学校が目指す方針が何かによって決まります。

一つのアイディアとしては、「成長で成績を変える」という方法があります。生徒に、まだ習得できていないスキルを一つ選んでもらいます。それを身につけるために、挑戦ゾーンへ行くための計画を紙に書き出すように言います。そして、「それらを達成すれば、新しい評価を古い評価と入れ替えます」と伝えます。これは、小さなサークルか個別カンファランスで行うとよいでしょう。

何と言っても、生徒はコンピューターゲームが大好きです。何の影響もなしに、何度も何度も失敗できるからです。何度も挑戦して、難しい課題をようやくクリアしたとき、計り知れない喜びと達成感を得ることができます。

教室における成長マインドセットは、成功を表現する機会を生徒に何度も与えなければそこに存在することができません。もし、生徒が常に努力すれば前進できるということを知り、授業においてその機会があるなら、成績だけでなく課題に取り組む姿勢がもっと前向きなものになるでしょう。

課題2 「簡単におっしゃいますけど、どうすればいいんですか？」

生徒が固定マインドセットのままだと、あなたが生徒の可能性を信じていると伝えても、生徒は「本当かな？」と思って、あなたを信じることに消極的となるでしょう。学業かライフスキルをテーマにして、あなた自身が初心者だったときからよくできるようになるまでの道のりを生徒たちに紹介するとよいでしょう。あるいは、のちにその分野で偉業を遂げた人で、子どものころやその仕事をはじめたころには批判されていたけれどやり抜いたという有名人やアスリート、そして科学者たちの例を紹介することもできます。

もしできるなら、生徒自身の体験を例に挙げてもよいかもしれません。あなたは、かけ算を素早くできるようになった生徒の成長スピードに驚いたとします。その生徒の保護者に連絡をとって、あなたの意図を説明し、「素晴らしい成長を遂げた例としてみんなに紹介させてもらっていいですか」と尋ねてみるとよいでしょう。

ハックが実際に行われている事例

――アマラはちょっと変わった性格で知られている。教室に入ってくる前から、彼女の大きな声が聞こえてくる。アマラは、その表情や声の様子や言葉から何を考えているのかが分かりづらく、彼女の機嫌がよいのか悪いのかについて誰にも分からない。彼女が来ると対応に気疲れしてしまうので、一日が長く感じられる。

アマラは、よくある女子同士のかん高いおしゃべりには飽き飽きしていると同時に（自分もそのただ中にいるのだが）、男子の子どもっぽさにも我慢がならない。

彼女にとっては、ほぼ毎日、教師も敵である。彼女の態度は、身を守る装具であり武器でもある。そして、自分を危険にさらす人の心をグサッと刺すことなども恐れていない。彼女がどこでそのような態度を身につけたのか、母親に連絡をとってみたがほとんど何も分からなかった。

教師は、自分で何とかするしかない。アマラはサークルに加わろうとしなかったので、教師が期待したほど根本的な変化をもたらさなかった。

九年生(11)の終わりに、アマラは招かれて（そして、自分の意志で）、次年度に入学してくる新入生のメンターを務める女子のリーダーシップ・グループに参加した。多くの生徒は、アマラの名前をリストに見つけてたじろいだ。

本当に？　二週間前、食堂のスタッフにひどい暴言を吐いていたあのアマラが？

それはさておき、アマラはともかくリーダーシップ講座に週三回、ほかの一二名の女子生徒とともに参加することになった。リーダーシップ・グループのメンバーは、先輩としてそれぞれがとくに秀でていることで、新一年生である九年生のモデルになることになっている。新入生がうまくやっていけるかどうかは、欠けているスキルを育成することができるかどうかにかかっているので、先輩の導き次第ということになる。では、アマラの専門分野は何なのか？　何と、「怒りとうまく付き合う」方法であった。

アマラ自身も、自分の名前の横に「怒りのマネジメント」という専門分野が担当項目として書かれているのを見て笑ってしまった。しかし、気の強い生徒によくあるように、「ほかの女子たちは、きっと怒りのコントロールなんて私にはできないと思っているだろうけど、絶対にできると証明してみせて、自分たちが間違っていたと思わせてやるんだ」とアマラは決意した。もちろん、それは険しい道のりだった。

失敗しそうになったとき、「私の母もそうだし、姉もそうだし、私もいつもこうなのよ」とアマラは言い放った。

教師たちはアマラに、「あなたは変われる」という話をする代わりに、アマラが何も恐れなくてもよい状態で自らの成長を見つめる機会を与えた。たとえば、リーダーシップ・チー

(11)　アメリカの高校は主に九年生から一二年生の四年間です。

ムの一人ひとりに、「一分間ゲーム」をマスターすることを課した。アマラには、昔ながらの「クッキー・ゲーム」[12]が割りあてられた。最初の六回は失敗だったが、七回目の挑戦では、クッキーを落とすことなく四二秒で額から顎まで移動させることができた。履歴書に書けるようなスキルではないが、それを達成したことでアマラは、学ぶ力があるんだという自信をもつことができた。

六週間にわたってアマラは、メンターの教師二人とともに、ほかの女子生徒と得意なスキルに磨きをかける方法を模索した。また、生物学を学び、彼女の感情爆発のきっかけについて知り、深呼吸などの簡単な方法が感情をコントロールするのに役立つことを学んだ。

それでも最初は、自らをコントロールするハンドルから手を放してどこかへ飛んでいってしまう前に、せいぜいと深呼吸を大きく一回できるというくらいでしかなかった。しかし、さらに二〜三週間練習して、アマラは大きな声で怒りをぶちまける前に大きな深呼吸が三回できるようになった。しかも、罵りの言葉をまき散らすこともなくなった。

六週間のプログラムを終えるころには、アマラはトラブルが起こりそうな状況を避けることができるようになっていた。教師たちは、アマラの不適切な言動の報告数が激減していることに気づいた。年度の終わりには、小学校六年生以降初めて、アマラは二週間にわたって不適切な行動をすることなく過ごせたことをクラスの仲間とともに喜ぶことができた。

一〇年生になっても彼女は、同じくリーダーシップ・チームに所属しており、ピア・ミディエイション(13)において大切な役割を担っている。

もし、教師たちが「アマラは変われる」ということを信じていなければ、どんな方法も功を奏することはなかっただろう。ゲームなどの簡単な成功体験を通じて、アマラの自信を教師は育てたのだ。リーダーシップ・グループにはあえて全員が失敗しそうな課題を最初に出し、みんなで楽しく、安心して、笑いあったりするなかで「試して」、「失敗して」、「成長する」ということを通してチームは育まれていった。

関係修復のアプローチは、癒やされるべき過程にあるすべての人は、人間関係／コミュニティーのなかで変化できるという信念に根ざした方法です。確実な変化を起こすためには、不適切な行動をした本人自身が「自分は変われる」という能力を信じる必要があります。そのため生徒に

---

(12)　座ったまま額の上にクッキーを乗せ、そのまま手を使わずにクッキーを口まで運ぶ時間を競うゲームです。

(13)　「仲間による調停」という意味で、対立や問題を生徒自身が手順をふまえた話し合いで解決する方法です。

は、これまでに他人から受けてきた、または自分自身でも決めつけてきた先入観が、自分の限界や可能性をどれだけ狭めてしまっているのか気づいてもらう必要があります。そして教師には、そのような先入観を取り払うための手助けからはじめる必要があります。

ハック6

マインドフルネスを教える

自分の感情に気づき、
上手に扱えるよう生徒を
エンパワーする[*1]

**問題行動は、子どもが適切に行動するために
もっているスキル以上のものを求められたり、
期待されたりしたときに生じる。**

（ロス・W. グリーン）[*2]

（＊1）49ページの注（8）を参照してください。
（＊2）（Ross W. Greene）アメリカの臨床児童心理学者で、現在ヴァージニア工科大学心理学部に所属し、『教師と親のための子どもの問題行動を解決する３ステップ』井上祐紀・竹村文訳、日本評論社、2013年）の著者です。

問題――生徒は自分自身をよく理解できず、自己抑制できない

「ちゃんと行動を改めなさい」
「いったい、なぜそんなことをするの」
「けんか腰はやめなさい」

何か問題があったとき、このように言えば解決するほど簡単であればいいですよね。でも、生徒がイライラし、私たちも我慢できなくなってくるとき、「態度を一八〇度変えるように」と生徒に言ったところで解決法としては何の効果も期待できません。それなのに、こちら側に不満が募ってくると、ついさっきのような言葉を口走ってしまいます。イライラすると不快感が理由で私たちもいつもどおりの行動がとれないのと同じく、生徒も同じように感じていることを忘れないようにしなければなりません。

生徒が、自分自身をよく理解できず自己抑制できないのは、「自分が感じていることとどのように向きあえばよいのか」について誰も教えていないことが理由の一つとなっています。生徒にとっては、時に自分がどのように感じているかを説明することが難しい場合があります。その理由は、その感情を経験したことが初めてであったり、どのように表現すればよいのか、適切な言葉が見つからないからです。

たとえば、弟か妹が生まれて、両親がその赤ちゃんにかかりきりになってイライラするという状況は、その子どもにとってはおそらく初めての経験でしょう。家庭でそのような感情をオープンに話し合えない子どもたちは、自分の感情について話すと相手をがっかりさせることが明らかな場合、その感情を両親に話せないことが理由でさらに苦しい思いをしてしまいます。

また、とくに男子生徒の場合は、自分の弱さや脆さを感じさせる感情は表面に出してはいけないというプレッシャーがあり、それが理由で物事を複雑にしてしまいます。そうした生徒は、初めて感じる感情を理解することができず、その感情を表現する言葉をもちあわせていないので、自らの感情を安心して話したり考えたりすることができません。

これらが原因で高ぶっていた感情が頂点に達し、自分をコントロールすることができなくなるのです。それらが、本来は関係修復ができ、安全で相互尊重があるべき場所、つまり学校で起こっているのです。

感情の暴発は意図的に計画されることがほとんどなく、その生徒のもっている現在のスキルの状況や、発達段階の面で少し遅れをとっている部分などが症状として表れたものです。思春期の脳は、青少年期から成人期の初期にかけてはまだ発達段階の途中にあり、最後の段階で形成されるのが、衝動をコントロールしたり、次のことを予測したりする際に中心的な役割を担っている

「前頭前皮質」です。そのため若者は、感情や衝動に流されて行動してしまうときがあるのです。

このように、まだうまく自己認識や自己抑制ができない生徒は、生じた感情を論理的に捉える前に反応してしまうということがよく起こります。つまり、「対応」するのではなく「反応」しているのです。そうしてしまうからこそ、カンファランス（一三一ページ参照）や関係修復のアプローチを通して、自分の行動をどのように選択するのかについて学ぶ必要があるのです。端的に言えば、生徒の問題行動は、本人がどのように行動すればよいか分からないために混乱を教室にもたらしてしまうわけですから、私たちに取り組むべきことを気づかせてくれているということです。

では、「反応」することと「対応」することにはどのような違いがあるのでしょうか？「反応」は、状況に応じて、そのときに生じた感情によって引き起こされます。否定的な感情に「反応」して行動すると、とりわけ周囲に悪影響を及ぼすことになります。なぜなら、そのような行動は即時的で計画性がなく、突発的なものになるからです。「反応」は、私たちがそのとき感じた感情を反映していますが、人としてどうあるべきか、また何を重視するかについては表現していません。にもかかわらず、その「反応」したことによる影響はその後もずっと続いてしまいます。

一方、「対応」は穏やかです。おそらく「反応」へと駆り立てられる気持ちはあるものの、それをコントロールすることができ、無条件に「反応」することを回避し、論理的な思考を再起動できる状態のことです。このような「対応」ができれば、私たちは、怒りに任せて投げつけた言葉や、深呼吸する前に振りあげた拳(こぶし)に後悔をしなくてすむのです。

このような、成長するためにとても大切な局面を生徒と分かちあい、共有することは、私たちが「反応」と「対応」の二つの違いを教える貴重な機会になるということです。ちょうど、作文や計算の方法を教える場合と同じです。生徒が自分の感情を正しく受け止め、自分自身できちんと扱えるようになれば、学びの場である教室はより共感的な空間になるでしょう。

ハック――マインドフルネスを教える

マインドフルネスは(1)、「今、ここ」に意識を集中させて、自分の思考や感情、体に感じることを落ち着いて認識する力を高めます。マインドフルネスを練習すると、生徒は自らの感情や自分

(1)　マインドフルないしマインドフルネスは、いろいろな視点から物事を捉えることができ、新しい情報などに心が開かれており、細かい点も配慮することができ、従来の枠のなかに収まっているよりもはるかに大きな、人々の可能性を信じられる状態を指しています。それに対してマインドレスは、物事への注意を欠いたり、柔軟性や応用力のない心の状態を指します。

にもっとも影響を与える経験に対してより目を向けるようになります。

関係修復のアプローチとマインドフルネスは密接な関係にあります。生徒は、自分が安全に守られていて、友だちや教師とのつながりを感じられるとき、自己抑制を最大限に学ぶことができます。教師が、生徒に罰を与える代わりに生徒の共感力をいかに育むかということに集中しているとき、生徒は人とのつながりを感じて安心できるのです。

私たちが出会う生徒は、発達段階もさまざまで、社会的あるいは感情的な知識、およびそれらを扱う力の獲得状況や獲得方法も多様です。まずは、生徒の年齢に応じて感情を丁寧に取り扱い、相互に表現しあうことを日常のルーティンに組み込むことからはじめるとよいと思います。

次の段階では、生徒が「反応」する前に身体的兆候が現れることが認識できるように支援します。その兆候とは、手のひらに汗をかいたり、顔が熱くなったり、声が震えたりするようなことで

生徒は、友だちや教師とのつながりを感じて安心できるとき、自己抑制を最大限に学ぶことができます。教師が、生徒に罰を与える代わりに生徒の共感力をいかに育むかということに集中していれば、生徒は人とのつながりを感じて安心できるのです。

す。最終段階では、生徒は引き金となる事象を予測し、感情を爆発させるような出来事をあらかじめ避けることができるようになります。

マインドフルネスと自己認識の欠落という問題に生徒が取り組むためには、まず「反応」と「対応」との違いを学ばなければなりません。行動する前に考えるということがどれだけ大切かということからはじめて、感情が頂点に達して、爆発寸前になったときに使えるツールを生徒に提供してください。そのためには、次に紹介する英単語の頭文字をとった略語「ＰＬＡＮ（Pause, Listen, Ask, Next）」を活用することができます。

Pause（いったん停止しましょう）——ゲームをしていて「一時停止」ボタンを押したときのように、今とっている行動をいったん止めます。そして、「マインドフルな深呼吸」をします。目を閉じて、一回一回、風船のようにお腹を膨らませながら深呼吸を五回しましょう。とくに「反応」が強い場合には、息を吸い込んで止めたまま四つ数え、その後、息を吐き切って、止めてから四つ数えるということを繰り返すと効果的です。

Listen（耳を傾けましょう）——あなたの体は、どのようなことを伝えているでしょうか？　感情や身体的兆候に気づいたとき、それらを判断せずに、ただ体が伝えようとしていることだけに耳を傾けましょう。カッとなってから数秒間、あなたの体の中では何が起こっていますか？　あなたの心にはどのような考えが飛び交っていますか？　このような考えや感情に気づきつつ、それらにはこだわらないようにしましょう。深呼吸をして、耳を傾け、それらが浮かんでは消えるままにしてください。

Ask（問いかけましょう）——体が「こうしたい」と伝えていること（反応）は、人としてありたい姿を本当に表しているでしょうか？　もし、明日この状況を思い出しても自分を誇りに思えるような選択をするためには、どのようにしたらよいでしょうか？　人として大切にしたいと思っている自分の価値観を、「反応」している状況に反映するためにはどうすればよいでしょうか？「反応」のままに行動してしまうことは、周囲の人たちによくない影響を与えてしまわないでしょうか？

Next（次へ進みましょう）——それでは、どうするかを決めましょう。あなたは、深呼吸するための時間をとり、自分がどのように感じているのかについてしっかりと耳を傾け、大切にしたい価値観を再考しました。もう、後悔しない決断ができそうです。クラスや学校の安全な環境を乱すことなく意味のない摩擦を起こすことを回避したので、次のステップへと進みましょう。

これらの抽象的な概念を生徒により分かりやすくするために私たちが好んで使っている方法に「スノードーム（Calm Down Jars）」があります。ガラスのコップかビンの半分に水、残りの半分にハンドソープを入れてキラキラしたパウダーをちりばめて、棒でかき混ぜてください。接着剤を少し温めて蓋をしたら、スノードームのできあがりです。(2)

ビンを振ると、中身はグルグルと渦を巻いてキラキラします。この様子を、たくさんの考えや感情が渦巻いている心の状態だと説明してください。グルグルと浮遊しているものが、時が経つにつれてゆっくりとビンの底に沈んでいく様子を見守りましょう。見つめたままマインドフルな深呼吸をしましょう。浮遊物が底に沈んでしまったら、前に比べて水がきれいに透き通っている様子を生徒に見せましょう。そして、その状態は、じっと静かにして深呼吸をしていると心が澄み切って、気分が落ち着いてくるときと同じだと話しましょう。

生徒がイライラしたとき、スノードームが手に取れるようにしておきましょう。このツールは、決して年少の子ども向けではありません。たとえあきれたような表情をしたとしても、中高生も小学生と同じくキラキラしたものが大好きなのです。実際、授業時間が余ったとき、「別の教室までスノードームを眺めに行きたい」と高校生が申し出ることがあります。

（2）「スノードーム」で検索すると、つくり方の動画も含めてたくさんの情報が得られます。

あなたが明日にでもできること

一夜にして、生徒が自分の考えや感情、反応に対する扱い方をマスターできるという指導案や方法はありません。しかし、マインドフルネスに向けて歩みはじめることで教室の文化に変化をもたらすことはできます。次のようなことから取り組んでみてください。

生徒の価値観を明らかにする――生徒にもっとも大切なものを三つ挙げるように言うと、おそらくほとんどの生徒が、スマートフォンやゲーム機といった持ち物をそのなかに入れるでしょう。子どもたちの身の周りは、モノを持つことに価値があるというメッセージであふれ返っています。生徒たちが、お互いの存在こそもっとも価値あるものだと思えるような文化を築けたら、と想像してみてください。生徒に、自らがもっとも素晴らしいと思う性格や習慣、そして特性を探らせることによって所有物に意識が向いている状態を改めます。

まず、生徒に尊敬する人物を尋ねます。家族の誰か、友だち、有名人、誰でもかまいません。そうなりたいと思う人を選ぶように伝えましょう。そして、その人物を描写する文章を書くように言います。箇条書きでもかまいません。

次に、自分自身がほかの人にどのように評価されたいかを考えさせます。たとえば、次のように生徒に尋ねてください。

「もし、明日引っ越しするとしたら、自分のことをどんな人だったと友だちに覚えておいてほしい？　あなたのことをよく知らない人たちにはどう？　あなたに会ったことがない人にあなたのことを説明するとしたら、どんな人だと説明してほしい？」

そして、自分の考えを箇条書きで書くように言ってください。

書き終えたら、先のリストと今つくったリストを生徒に比較してもらいます。「共通している文章はどれですか？」と、生徒に尋ねてみてください。そのリストは、どのような性格、習慣、人格の特性を自分が重視していると伝えているでしょうか？　三～四分間、静かに考えてもらいます。それぞれが考えたあと、小グループで話し合う機会をつくってください。

自分の考えを適切な言葉で表現するための支援として、「価値観のリスト」を生徒に配布してもよいでしょう。生徒には、そのリスト(3)はすべてを網羅するものではなく、あくまでもガイドの役割を果たすものだと伝えてください。価値観のリストは、書いた二つのリストの関係を見いだすのに苦戦している生徒にとくに役立ちます。

（3）　価値観のリストの見本は、『好奇心のパワー』の一二八ページで入手できます。

ここでの目標は、それぞれの生徒がそうありたい人格、つまり自分が大切に思っている価値観を三つから五つ選ぶことです。生徒をサークルに集めて、価値観をお互いに紹介しあいます。人生を生きていくのにどのような価値観を選んだのか、声に出して言ってもらうのです。これらの価値観は、生徒が問題解決に再び取り組んだり、友だちや教師との間の摩擦を解消したりする際に振り返るようにします。

次に取り組むことは、これらの価値観を思い出せるように、視覚的なものを作成して何度も見られるようにすることです。生徒が連絡帳や学級用のノートを持っていたら、その表紙に自分の価値観を書くのもよいでしょう。また、あなたの授業（ほかの担当授業も）で、壁に生徒の価値観を書いた紙を貼り出すのもよいでしょう。

あなたは、「価値観」と「期待」を関連させると有効だ、ということに気づくでしょう。あなたが生徒に「期待」していることを再検討してください。それらの「期待」は、生徒にどのような「価値観」をあなたが求めていると伝えているでしょうか。

心と体のつながりを強くする――私たちはみんな、これまでに何度も感情に飲み込まれてしまう経験をしてきましたが、そのときに投げかけられたアドバイスの言葉は、「乗り越えろ」というありきたりなものでした。まるで、手の震えや胃のむかつき、筋肉のこわばりも、スイッチ一つで付けたり消したりできるかのように考えられています。

感情は身体的な感覚として表れ、強烈な経験となってその人の心身状態を悪化させてしまうことがあります。生徒自身が、体がどのように感情に反応するのかについて理解すれば、自己認識がより深まり、より早く元の状態に戻ることができます。

以下のことは、個別に話してもかまいませんし、朝のサークルで話し合ってもよいでしょう。自分がどのように感じるかについて話し合う際、体にどのようなことが起こっているのかについても話し合ってもらうのです。とくに、怒ったり、興奮したり、恐いと思ったり、重要な場面だと感じたりするとき、体にどのようなことが起こるのかについてほかの生徒と共有してもらいます。

「身体的な兆候」は、いったん止まって、深呼吸をし、次の行動に移る前に考えなければならないという初期警告の合図です。たとえば、生徒が、腹が立つと心臓がドキドキすることに気づいているとします。自分の体にいち早く表れるストレスのサインに敏感になることで、心が不満を感じる前に心臓のほうが早くドキドキし出すことに気づくようになるでしょう。

練習をすれば、この身体的な兆候は、次なる一歩を「反応」ではなく「対応」として踏み出すために一時停止して、深呼吸をして、考える合図となります。

私たちは、生徒たちが柔軟にことに「対応」し、たとえダメージを受けたとしても早く立ち直ってほしいとも願っています。ですから、生徒にはダメージから回復する方法も教えなければなりません。たとえば、ある生徒が口論のあとに筋肉がこわばったままだと気づいたなら、筋肉をきつく締めつけてから放すことで交感神経の反応を緩やかにし、筋肉をリラックスさせることが練習で可能になると教えましょう。また、カッとなった生徒の場合、冷たい水で顔を洗うと気分がよくなることを知っていれば、自分でそうするかもしれません。

心と体とのつながりを理解すると、生徒はより早く回復することができ、高ぶった感情を和らげることができるのです。感情は、たとえビンなどに一時的に閉じ込めることができたとしても、あとで爆発してしまうのです。

その瞬間、共感を示せるモデルとなる――よく言われることですが、愛情を求める行動をほとんどしない生徒こそもっとも愛情を必要としている、ということがあります。生徒同士の人間関係とクラスとしての「期待」を保つ間のバランスを維持することが難しい場合もあるでしょう。しかし、クラスに期待することは人間関係によって成り立っていますから、問題を取り上げる前にその生徒とまず話をしてください。

たとえば、ある生徒が遅刻してやって来て机の上にバサッと本を置き、すぐさまスマートフォンを取り出したとします。クラス全体が一瞬固まってしまい、教師がどうするのかと見ています。あなたは「反応」することを避け、モデルとして共感を示して「対応」しましょう。

「反応」はせず、クラス全体に指示を出し、授業のまとめをしたらその生徒のそばへ行ってください。遅刻したことや、授業の妨げになるような行為をしたこと、スマートフォンに関する規則を破ったことなど（これらは、「すべての生徒が豊かに学べる安全な場づくり」というクラスの「期待」に反することです）を叱る前に、その生徒がどのように感じているのかについて尋ねることからはじめてください。

非難めいた感じにならないように、シンプルに「どうしたの？」と声をかけるだけで、生徒が話しはじめる十分なきっかけになります。もし、その生徒があまり話したくないようであれば、生徒の様子をよく見ながら、あなたから話しはじめるとよいでしょう。「怒っているみたいね？どうしたのか話してくれるかな？」と話しかけることで、その行動の背後にある何かを明らかにすることができます。

忘れないでください。感情爆発やそれに伴う行動は、あらかじめ計画して実行されることはほとんどありません。その生徒も、おそらく朝寝坊をして、あなたの「ワーテルローの戦い」の授業に遅刻して、妨害してやろうと事前に計画していたわけではないでしょう。まずは、人として生徒にきちんと話しかけるという適切なステップをふまえてから、クラスとして目指すべきことに向けて、損なわれてしまったことを修復するようにしてください。

セルフケア（自らを管理し、大切にすること）の重要性を語る——確かに若者は自己中心的です。しかし、長い時間自分のことばかりを考えているといっても、自分を管理し、大切にする方法については知らないことが多いものです。生徒は（大人もそうですが）、マインドレスな活動に時間を費やしがちです。マインドレスな活動とは、ゲーム、ソーシャル・メディア、テレビなどです。これらは、表面的にはリラックスした活動のように見えますが、心が充実感で満たされるような活動ではありません。(4)

生徒が、よりマインドフルに時間を使えるようにしていきましょう。まず、生徒に昨日のスケジュール表をつくってもらいます。それぞれの時間に何をして過ごしていたのか、その表のなかに書き込んでもらうのです。

次は、表に書かれた行動を三つのカテゴリーに分けます。その三つとは、「①充実感が満ちて心が元気になるもの（replenishing）」、「②リラックスできるもの（relaxing）」、「③精神的に参ってしまい疲れるもの（draining）」です。

「①充実感が満ちて心が元気になるもの」は、新しい活力が湧いてきて、情熱的になれて、何があっても前進するぞ、という気持ちになれるものです。たとえば、運動、ボランティア、創作活動などが含まれるでしょう。「②リラックスできるもの」とは、穏やかな気持ちになれるもので、必ずしも活力が湧いてくる必要はありません。たとえば、ぬり絵、音楽鑑賞、テレビの視聴などです。「③精神的に参ってしまい疲れるもの」は、不安になったり、疲れたり、イライラしたりするものです。宿題や家事の手伝いなどがここに含まれます。

次に、一日全体を通して、三つのことのバランスがどのような状態になっているのかを確認してもらいます。「元気が出る」、「リラックスする」、「疲れる」のうちどれがもっとも多いでしょうか？

もちろん、疲れる活動であっても生活の一部として必要で、それらが成長や成功に導いてくれることもあります。よって、疲れる活動も完全に切り捨てることはできませんが、元気が出る活動と同じくらいのバランスがとれるとよいでしょう。リラックスすることはよいことですし、リラックスする時間は確保するべきですが、疲れきってしまったときに必要とされる特効薬は、ワクワクと心が満たされて元気になる活動をすることなのです。

生徒に、自分が元気になる活動のリストをつくってみるように言いましょう。まず、あなた自身のリストを紹介してから、クラスでブレインストーミングをするとよいでしょう。小さいサークルで取り組むというのもよいことです。

リストができたら、一週間のスケジュールを見ながら生徒に、心を込めて「元気が出る活動の時間」を計画するように指示してください。生徒がスケジュールづくりに取り組んでいる間、あなたも同じように自分のスケジュールを組んでみてください。

（４）　一五五ページの注を参照してください。

完全実施へ向けての青写真

生徒が自分の感情に気づき、「反応」と「対応」の違いを意識できるようになるためには、自分の感情を自由かつ頻繁に話すことができるようにならなければなりません。あなたのクラスで、マインドフルネスが生徒にとって普通のこととなるための鍵は、マインドフルネスを学ぶ方法を、日々または一週間のルーティンとしてクラスでの活動に組み込むことです。次に紹介する方法は、年間を通してマインドフルネスが学べるものです。

ステップ1　感情をありのままに受け止める

生徒たちにとって、感情についてオープンに話すことは気まずいことかもしれません。感情を分かちあう対話が普通のことになれば、生徒は自分の感情に対してより一層真摯に向きあえるようになります。

生徒にとって、さまざまな感情を安心して表出できると感じられることはとても大切です。ですから私たちは、「すべての感情は価値あるものだ」ということを強調したいのです。「よい感情」と「悪い感情」があるというのではありません。それぞれの感情には必然性があり、それぞれの目的に応じて存在しています。生徒は、自分の感情によって自らを裁く必要はないのです。自分の感情を否定することは、自分自身を否定し、自らのことが受け入れられなくなることにもつながります。

これについても、あなた自身をモデルとして示すことからはじめましょう。朝の「チェックイン・サークル」で、みんながどのように感じているのかを尋ねるわけですが、その際、あなた自身のことを例に挙げて紹介することからはじめてみてください。

「今日は、イライラしたわ。出掛ける時間だったのに、うちの犬がどうしても家の中に入ろうとしなかったから、来るのが遅くなってしまったの」

生徒がより上手に感情を捉えるようになってきたら、このような振り返りの際に、「それでどうしたの？」と促すように問いかけてもらってもよいでしょう。

「私は、今朝のイライラを解消するために、深呼吸をして、起こっていることを正しく捉えるようにしたわ。二〜三分仕事に遅れたからといって世界が終わるわけではないと思ったの。とくに私は、遅刻することなんてめったにありませんから」

このような朝のサークルでの振り返りは、一日中、生徒がストレスを抱えないでいることを可能にします。また、オープンに対話することで、生徒の問題解決力や共感力の向上を図る話し合いができるようにもなっていきます。

ステップ2　マインドフルな呼吸を習慣にする

毎朝のサークルを、一分間のマインドフルな呼吸からはじめましょう。生徒たちはこの呼吸を、思考を整理してスッキリさせるために行う、と解釈するかもしれませんが、実際はそうではありません（教師としては、生徒により多く思考してほしいとは思いますが）。

マインドフルな呼吸をする目的は、「思考を排除することではなく、思考や感情が行き交うままにさせつつ、そのなかで迷子にならないように自分の心に教えることです」と説明してください。クラスの生徒に、それまでずっと気分がよかったのに、突然否定的な考えが一つ浮かんできた途端、よい気分とよい雰囲気がかき消されてしまったというような経験をしたことがないか、と尋ねてみるのもよいでしょう。

マインドフルな呼吸をする目的は、必ずしも思考と感情をコントロールするためにあるわけではありません。それらの思考や感情に自分をコントロールさせないようにすることなのです。

生徒に、「呼吸をしながら、思考に流されず、思考に意識を向けるように」と言いましょう。生徒が視覚的なイメージができるよう、思考を空に浮かぶ雲や小川を流れる落ち葉にたとえるとよいでしょう。心があちこちをさまよっている様子に意識を向けているときは、「さまよっているなあー」ということだけを心に留め、そのあとに「もう一度、呼吸に集中するように」と生徒に説明しましょう。

流れる雲や葉っぱをそのままにしておく場合と同じく、思考や浮かんでくることをあるがままにさせておきます。ここでの目的は、心がさまようのを止めてしまわないことです。そうすることで生徒は、この瞬間とつながり続けることができ、思考や感情に押し流されずにすみます。

マインドフルな呼吸は、活動を切り替えるときに組み入れることもできます。一つの活動から次の活動へ移るとき、三〇秒の時間をとってマインドフルな呼吸をしてください。生徒が次の活動をはじめる前、ギアを入れ替えてリセットするのにきっと役立つでしょう。

いったん、生徒がマインドフルな呼吸を切り替えに使うことを身につけたら、呼吸にあわせて行う簡単なストレッチを付け加えてみてください。深呼吸とストレッチとの組み合わせは、活動や作業をしている間に蓄積していくストレスホルモンを一掃する働きがありますので、次の行動へ移るときにこれを行うと気分がスッキリします。

ステップ3　ネガティブな情報にとらわれることを乗り越える

まだ明確な言葉にはできていないにしても、おそらく生徒は、自分たちがポジティブな情報よりもネガティブな情報に注意が向くということに気づいていると思います。生徒に、「最近、自分が受けた批判を五つ思い出せるか」と尋ねてみてください。続いて、「最近、ほめられたことを五つ思い出せるか」と尋ねてください。

おそらく生徒は、ほめられたことよりも批判されたことのほうをより早く思い出すでしょう。これは、生徒が悲観的だということではありません。人間の脳は、ポジティブなことよりもネガティブなことにより注意を払うようになっているのです。そのことを認識して乗り越える努力をすれば、生徒のストレスは軽減され、「反応」よりも「対応」しようとする、より楽観的な状態になれます。

また、葛藤をより円滑に解決できるようにもなります。他人のよいところを見つけるより、悪いところに焦点をあわせるほうが簡単だということを生徒が知っておれば、納得できないことに遭遇した場合でも見方を変えて、そのことにどのように「対応」していけばよいのかについて見通しをもつことができます。

ポジティブ思考は、いろいろな方法で向上させることができます。よく用いられる方法は、「感謝の日記」をつけることです。それを朝のサークルに取り入れると、一日のはじまりの雰囲気づくりに役立つでしょう。それ以外にも、ポジティブな瞬間を探索するという方法があります。たとえば、生徒が授業で「遺伝子」について最終的に理解できたとしましょう。これは素晴らしいことです！　それなのに、次の課題へと急ぐあまり、生徒が達成したことをおざなりにしてしまっている場合が多いのです。生徒に、やり遂げたという成功や達成感に伴う気分のよさを満喫させてあげてください。

もし、生徒が小テストの前に緊張していたら、過去の小テストでよくできたときと、そのときのよい気持ちを思い出すように伝えてください。わずか一、二分のことですが、挑戦することや充実した達成感を脳の中で関連づけるのに役立ちます。

課題を乗り越える

あなたが生徒に感情について話すように言ったり、マインドフルな呼吸をしはじめたりすると奇妙に思う生徒が出てくるかもしれません。「もっと実際の勉強に時間を使うべきではないでしょうか?」と、同僚や管理職があなたに尋ねるかもしれません。このような批判への対応の仕方を紹介しておきます。

批判1　「あなたは先生で、セラピストではないでしょう。それに、私は勉強をするためにここに来ています。感情についてなど話さないでください」

このように言われても驚かないでください。とくに、関係修復のアプローチに取り組みはじめた最初のころは、このような言葉をよく耳にすることでしょう。あなたは生徒に、傷つきやすい、ありのままの姿でよいと呼びかけています。長年にわたって、教室では主に頭を使うことしか扱ってきませんでした。しかし、あなたは今、生徒たちに心を使うことをすすめているのです。決して焦らず、そのような疑問や批判にも忍耐強く対応してください。

生徒や同僚、そして管理職に、この取り組みは学力向上の根幹であることを説明しましょう。生徒には、「もちろん、学校には学びに来ているんですよ」と話してください。教師としてのあなたの仕事は、生徒が最大限に学ぶことのできる最良の環境を用意することです。健全で穏やかな心は、ストレスや孤独で押しつぶされそうになっている状態よりも学ぶための準備がずっと整っていることになります。また、安全で共感的な環境のほうが、お互いに失敗するのを恐れあうような環境よりも学びは促進されます。

生徒が感情をより上手にコントロールできるようになれば、感情に翻弄されることなく、一日のより多くの時間を学びに集中させることができるのです。

批判2 「先生はずっと深呼吸ばかりしろって言うけど、何にも変わらないんですが」

深呼吸は、体の反応を伴いながら感情が高まってあふれ出てくるのを抑えるために、大変効果的な解決法として素晴らしいものですし、定番ともなっています。このようなことを言う生徒は、おそらく一、二回ほど深呼吸をしても怒りの炎が消えなかったのでしょう。深呼吸は役に立たなかったと自分で判断して、本当の価値を知る前に切り捨ててしまったのです。

深呼吸の効果の背景にある科学や生物学を生徒が理解すればするほど、最初は怒りで呼吸が荒々しくなっても、なんとか粘り強く深呼吸を続けてみようとするものです。生徒それぞれの発達段階と興味によりますが、深呼吸についてどれだけ深く探究するかについては、次のようにシンプルな説明をまずするとよいでしょう。

人がストレスを感じたり、怒ったりするときに、体は危険な状態にあると察知し、戦闘態勢ないし自己逃避状態に入ります。そのタイミングで深呼吸をすれば神経系が穏やかになり、体は安全な状態にあることを理解します。深呼吸は、心臓の鼓動を抑え、血圧を下げ、怒りによって筋肉にほとばしってしまったホルモンを一掃してくれるのです。

もし、生徒が深呼吸についてもっと学びたいと言い出したら（または、深呼吸にはまったく興味がないという生徒がいたら）、交感神経と副交感神経との関係や、人が多様な感情にどのように対処しているのか、それらをコントロールするホルモンの働きなどについてさらに調べるようにすすめてみてください。

深呼吸が取るに足らない仕草でないことを生徒が理解したら、自分にも効果があるかどうかについて、十分な時間をとって粘り強く深呼吸を試してみるはずです。

ハックが実際に行われている事例

リーは不機嫌な様子で教室に入ってきて、後方に座って机に顔を伏せた。ほかの生徒たちのひそひそ話から、前の数学の授業でリーがブランズ先生と口論した様子が漏れ聞こえてくる。

どうやら、リーはクラスから追い出され、明日、学校がはじまる前に関係修復のアプローチに参加することになったようだ。

けれども、まだ今日ははじまったばかりで、リーはこれからまだ四時間も授業を受けなければならない。もし、彼女が自分の感情を上手に扱えなければ、一日の学習を無駄にしてしまい、ほかの授業でも問題を起こすという事態にもなりかねない。

チャイムが鳴って、生徒はいつものように椅子を持ってサークルになる。いつものようにデュボワ先生も生徒を歓迎し、マインドフルな深呼吸をして授業をはじめ出した。リーが息を吐く様子はいつもより少し不機嫌そうな感じがしたが、デュボワ先生はリーが参加しているのを見てホッとした。

サークルでは、生徒たちそれぞれの心にあることを順番に話して共有することにしている。

ある生徒が、「明日、数学のテストがあるから緊張する」と話すと、リーは明らかにこわばった様子を見せた。

ぬいぐるみの「話し手のしるし」がリーのもとに回ってくると、リーはためらい、それから肩を落とした。

「今、とても腹が立っています。私は数学の宿題を持ってくるのを忘れました。今週忘れたのはこれで二回目です。でも、宿題を忘れたのは、ここ六週間でたった三回なんです。なのにブランズ先生は怒って、どれだけ気が緩んでいるんだ、優先順位をチェックしろと言いました。先生は、私が宿題をしたことがないかのように言ってきたので、私は『どうでもいい』と言ったんです。そうしたら、先生は廊下へ出るようにと言ったので、私はキレてしまいました。あんなに大騒ぎすることはないのに、先生は大げさに騒いで台無しにしました。理由もなく先生がひどく興奮するので、私は先生に、『どうでもいい！』と言ったんです。私は家に帰ったら親に話さないといけないし、明日の朝、関係修復のアプローチに参加することになってしまいました」

デュボワ先生はうなずいた。先生は、問題を取り上げる前に人として生徒に話しかけるべき、という原則を思い出しながらリーに共感を示した。

「とてもしんどかったね。あなたは普段しっかりと頑張っているから、宿題のことをそんなふうに指摘されたことに腹が立ったというのは理解できるわ」

リーはうなずき、少し肩をすくめた。

「そう。先生が間違って、それで私がキレて、今はトラブルになっている」

「それは残念ね。では、どうしたらよかったのかな?」と、デュボワ先生が促した。

リーはため息をついた。目をクリッと させたが、現状を受け入れ、こうなったことも認めている様子であり、不遜な態度は見られない。

「PLAN（一五七～一五八ページ参照）をすればよかった。ブランズ先生が話しはじめるとすぐに顔が熱くなってくるのが分かったのに、『一時停止で深呼吸』をしなかった。ただ感情に任せて、怒って立ち去ってしまって……それで親にも、このサークルでも説明しないといけなくなった。あのときに怒らないで、座ってブランズ先生と話をすることもできたのに……」

サークルでの話し合いでは、ほかの生徒がリーへの共感を示したり、別の生徒がジョークを言ったこともあって、リーの張り詰めた気持ちもだんだん和らいできた。サークルに続いて授業がはじまったが、リーは感情と向きあう機会が与えられたこともあって積極的に授業に参加することができた。

私たちは、単に教科を教えたいからではなく、生徒に教えたいから教壇に立っているのです。それは、生徒の全人格を教室に迎え入れるということを意味します。生徒の全人格を大切に育むことは、授業で扱う教科の内容を超えて、社会的・感情的な部分も含めて教え育てることにつながります。

生徒は、元素の周期表の読み方を教えてもらう場合と同じく、感情を扱うためのスキルを教えてもらう必要があります。マインドフルネスを実践することは、生徒が自分で自己認識をつくり出し、自らの感情を主体的に扱えるようにエンパワーすることです。このようにして、マインドフルネスは関係修復のアプローチを支えているのです。

ハック7

共感力を育む

人の話をよく聴く力、
理解する力、
コミュニケーションが
とれる力を養う

「(前略)人というものは、相手の立場から物事を考えてあげられるようになるまでは、ほんとうに理解するなんてことはできないものなんだよ」

「え？」

「その人の身になって、生活するまでは、だよ」

(アティカス・フィンチ、ハーパー・リー)*


(*) (Nelle Harper Lee, 1926～2016) ハーパー・リーの小説『アラバマ物語』の登場人物、アティカス・フィンチの言葉です。邦訳は、菊池重三郎訳、暮しの手帖社、2017年、44～45ページから引用しました。

問題——生徒は共感を示す言葉を使っていない

自分の行動から学び、自分の行為によって損なってしまったことを修復し、他者に共感することは、関係修復のアプローチにおいては重要な要素となっています。「共感」とは、他者の感情を共有したり理解したりすることであり、それは次の三つで構成されています。三つのうち一つでも欠けると、学ぶ環境を阻む要因になることがあります。

一つ目は「**感情的共感**」です。これは、他人の感情を自分も感じる能力で、友だちが氷の上で転んだとき、一緒になって彼女の恥ずかしさを感じられるという能力です。二つ目は、「**認知的共感**」です。これは、他者の感情をそのまま感じるのではなく、その感情を認識して理解する能力です。セラピストは相談者の感情を理解しますが、相談者と同じ感情そのものを感じることはできません。相談者と同じ感情を感じることは、セラピストにとって健康的でも生産的でもありません。三つ目は「**感情の制御**」です。感情の制御によって私たちは、共感をどのように「反応」として表現するかについて考え、その表現方法を決めています。

今日のようなＩＣＴの発達した世界においては、国境、時差、文化を超えて私たちは交流できるようになりました。他者とつながることがこんなにも簡単にできる時代を、誰も想像していなかったことでしょう。交流の様相は変化しており、教師は教室でその影響に気づいています。みんなで裏庭や公園に集まって遊ぶ代わりに、多くの生徒が帰宅してすぐにコンピューターの電源を入れています。

現代の子どもたちは人との直接交流を通して成長できる機会が少なく、表情やボディー・ランゲージ、声の調子から相手が何を考えているのかと読み取る方法を学ぶという機会がほとんどありません。そのような環境で育った子どもたちは、他者の感情を読み取ったり理解したりすることがうまくできず、また、どうすればそれがうまくできるのかも分からないので、不適切で未熟な行動となって現れてきます。

他者の感情を読み取れない生徒は、自らの行動がクラスの生徒や教師を失望させるような影響を引き起こしてしまうこと、またそれを認識したり、あらかじめ予測したりするといったことにも困難を抱えています。一例として、そのような課題のある生徒がグループワークに取り組む場合を考えてみましょう。

コミュニケーションに課題を抱える生徒は社交的とは言えず自己中心的で、ほかのメンバーの学習を邪魔するかもしれませんし、みんながお互いに協力しあっている状態を台無しにするかもしれません。どの学年においても、協働することは学校での学びを最大限に活かすためにもっとも大切なスキルとなっています。将来、大学や仕事においてもチームで課題に取り組む際に備えておく必要があるだけに、とくに身につけておきたいスキルと言えます。課題を抱える生徒は「チームで取り組む」ということが難しいので、このスキルを育んでおかなければ、のちに生じるであろうさまざまな機会を狭めてしまうことになります。

いじめも、この共感の三つの要素のどれかが育っていないことが違った面から症状として現れたものと言えます。共感が苦手な生徒は、「弱み」と言える感情を誰かが表したときに、それをあざ笑ったり、馬鹿にしたりします。そして、嫌な目に遭わせた相手に対して、「なんだよ、大げさに。遊んでいただけじゃないか」などと言って責めます。

このようなことが起こると、クラスは心理的に安心できる環境ではなくなります。共感的ではないクラスの生徒から発せられる批判を恐れるあまり、生徒たちは心を閉ざし、リスクを避け、成長マインドセットで前向きに取り組むことから背を向けてしまうのです。

人に共感することが難しい生徒には、ほかにもさまざまな症状が現れます。たとえば、人を思いどおりに操ろうとする、嫉妬、過ちを認めない、権利意識、他者の視点で考える能力の欠如などです。これらのどれ一つとっても、健全な学びの環境をつくるものはありませんが、関係修復のアプローチをうまく実践することができれば、これらすべてを成長へと導くことができます。幸いなことに、共感力は生まれつき備わっている能力ではありません。共感力は、筋肉を鍛える場合と同じく、正しい方法によって育成することができるのです。

ハック――共感力を育む

共感力を育成するためには、教室での取り組みを意図的に推進する必要があります。多くの生徒は、他人を理解する方法をまだ身につけていません。共感力は、学習や練習によって高めるものです。すべての生徒が、さまざまな人々と出会うという機会に恵まれてきたわけでも、多様な人々と上手に交流してきたわけでもありません。これまでそうした機会に恵まれてこなかった生徒は、その分だけ、共感力へとつながる道のずっと後方を歩んでいるのです。

もしあなたが、生徒がありのままでいられて、リスクをふまえて挑戦ができ、嘲笑や他人の評価を恐れずに何でも自由に話せて、お互いに共感しあえて、問題行動があっても最小限ですむといったような心から安心して学べる空間を望んでいるのなら、そこには共感力が存在しておく必要があります。

共感力を育むための最初のステップは、雰囲気を感じ取ったり他人の感情を読み取ったりするための方法を生徒に提供することです。生徒はまた、自分のとっているコミュニケーションの方法が、ほかの人にどのような影響を与えているのかについて知る必要があります。まず、コミュニケーションの一部を担うものとして、共感を表す「ボディー・ランゲージ」、「声の調子」、「言葉遣い」の三つを教えることからはじめましょう(1)。

あなたの生徒を、日々彼らを取り巻いている人たちとは別の考え方やものの見方とも触れあえるようにして、より広い世界へとつなげましょう。そして、そのようなつながりのなかで、より共感的に、思いやりをもって、心を込めて行動すれば得られる結果が違ってくるという理由を分かりやすく説明しましょう。

新学年がはじまって三週間も四週間も経つのに、生徒がお互いの名前も知らないという状況は私たちにとっては驚くべきことです。授業の成否はクラスの状況にかかっているにもかかわらず、教室内で生徒同士の「仲間の輪(social circle)」がどのくらい重なりあっているのか、またはその輪からどれくらいの生徒が外れているのかについて、私たちはいつも気にかけているわけではありません。ぜひ、生徒が何かに取り組んでいるとき、教室内を歩き回って、どの生徒が仲間の輪の中にいるのか、どの生徒がいないのか、またその理由を探ってみてください。

新しい関係を構築する方法について話し、定期的に、生徒がお互いから何を学んでいるのかと問いかけましょう。教室に存在するさまざまな仲間の輪についての知識を生徒が得ることは、安全な場で共感を学ぶというレールの上に生徒をしっかりと乗せることになります。

仲間の輪は教室を超えて広がっていきます。あなたの生徒には、ごく近くにあるコミュニティーを超えて広がる世界について考えるための機会がどれくらいありますか? 生徒は、普段から社会的・経済的背景、人種、宗教、年齢、文化の異なるさまざまな人と関係を築くための機会をもっているでしょうか？

人は、あまり知らないことに対しては安易に判断したり、恐れたりさえします。生徒が幅広く共感力を育めるように支援しましょう。普段はあまり出会わない人たちとの出会いの場をつくるのです。地域の人を教室に招いて話を聴いたり、生徒たちにも自分の話をしてもらったりしましょう。そして、ＩＣＴを使って、街中の、国中の、世界中の人々とつながりましょう。

私たちに共通する人間性についてより理解を深めるために、似ているところを探すように生徒の背中を押しましょう。また、違いにも目を向けるようにして、恐れるのではなく、お互いの違いがより豊かな世界をつくっていること、そして対立する必要がないという事実を喜んで受け止められるように導きましょう。

生徒が幅広く共感力を育めるように支援しましょう。

普段はあまり出会わない人たちとの出会いをつくるのです。

（1）このような活動は、アメリカでは、ＳＥＬ（Social and Emotional Learning）として広く実践されています。日本語では、「社会性と感情の学習」や「対人関係能力育成」などと訳されています。最近では、少しずつ実践に使える形での紹介も増えてきています。『対人関係と感情コントロールのスキルを育てる中学生のためのＳＥＬコミュニケーションワーク』などを参照してください。

あなたが明日にでもできること

まず、共感的なコミュニケーションの方法を教えることからはじめましょう。具体的には、「ボディー・ランゲージ」と「どのような言葉を使うか（シンタックス）」からはじめるとよいでしょう。そうすれば生徒は、「アクティブ・リスニング」[2]や「リフレクティブ・リスニング」[3]を実際どのようにすればよいのか、その機微を学ぶことができます。それでは、あなたが明日からでもできることを紹介します。

ボディー・ランゲージ――私たちはボディー・ランゲージが、言葉や声の調子と同じくらいに、あるいはそれ以上にコミュニケーションを担っていることを知っています。誤ったボディー・ランゲージによって私たちの誠意は気づかないうちに損なわれ、本来ならば、その後交わされたかもしれない生産的な会話の機会を失わせてしまうこともあります。アクティブ・リスニングと相手を尊重する会話について学ぶ場を設定し、自分が発信している「言葉以外のメッセージ」を、生徒がよりはっきりと認識できるようにしましょう。

写真を見て、その写真にあうような感情やメッセージは何だろうかと考える機会を通して、簡単なボディー・ランゲージの解釈について教えましょう。そのほか、ロール・プレイングも効果的です。

まず、四人の生徒を募り、そのうちの二人に教室の前方に用意した椅子に座ってもらいます。その際、みんなのほうを少し向いて、向かいあわせに座ってもらいます。ほかの二人は、先の二人の後ろにそれぞれ分かれて座ってもらいます。四人全員に原稿をわたしてください。後ろに座った生徒は、前に座っている生徒の「声の役」をします。

後ろに座った生徒が原稿を読む間、前に座っている生徒には、その話の内容が相手に伝わるようにボディー・ランゲージを使って表現してもらいます。あくまでも相手に内容を伝えることに集中してもらいましょう。一回目が終わったら前に座っている生徒に、さっきとは違う感情を選んで、ボディー・ランゲージでその感情を表すように伝えます。

原稿を読む生徒には、毎回同じように読んでもらいます。つまり、伝える内容や声の調子は同じなのですが、ボディー・ランゲージが違うことで受け取るメッセージが変化することに生徒が気づくこと、これがここでのねらいとなります。

（2）一般的には「傾聴」ないし「積極的な聞き方」と訳されます。
（3）「振り返りながら聴く聞き方」ないし「よく考えながら聴く聞き方」と訳されます。

残りの時間で、今見たことから感じたことを生徒に書き留めてもらい、その後、ボディー・ランゲージの違いが送られてくるメッセージにどのように影響したのかについて話し合ってもらいましょう。もし、生徒がすでに共感について基本的に理解している場合は、異なるボディー・ランゲージやジェスチャーがどのように共感につながったか（または、つながらなかったか）について話し合ってもよいでしょう。

これ以外にも、マインドフルなボディー・ランゲージの練習に取り組みましょう。まずは生徒一人ひとりに、朝の「チェックイン・サークル」のはじめに、「積極的にサークルに参加すること」と「人の話をオープンな気持ちで聴こうとすること」に責任をもっていることを思い出してもらいます。そして、話を聴くための最初のステップは、ちゃんと聴いているということを伝えるボディー・ランゲージであるということを確認します。

あなた自身がモデルになって、顔を上げ、肩の力を抜いて、よい姿勢で椅子に座ります。腕組みをしたり、もどかしそうな仕草をしたり、ましてや嫌そうな表情をしてはいけません。逆に、わざとそのようにしてみて、ボディー・ランゲージの違いによってあなたの態度やサークルにかかわる気持ちについて、生徒の感じ方や捉え方が変化したかどうかを尋ねてみるというのもよいでしょう。

サークルを重ねるにつれて、気持ちのよいボディー・ランゲージをしている生徒をよい例として紹介しましょう。また、話し手とアイコンタクトをすることもよいアクションであると伝えましょう。アイコンタクトは、とくに目が泳いだり、ぎこちなくなってしまったりすることもありますが、練習すれば自然な感じでできるようになると生徒に伝えて安心させてあげてください(もし、自然にできるようにならなかったとしても上達はします)。

好ましい行動をほめることも、小グループで協力して活動しているときには有効です。生徒がとっているボディー・ランゲージを「とても素晴らしいよ！」と伝える特別なジェスチャーを決めておくと、生徒たちの会話の流れを止めなくてすみます。

小さなグループで活動することは、生徒が自分への気づきを向上させる機会になります。疲れてストレスを抱えている生徒のボディー・ランゲージの場合、興味がないとかイライラするなどといったメッセージを伝えていることに本人が気づいていないケースも考えられます。「自分のボディー・ランゲージをチェックしよう」というジェスチャーを共有しておけば、特定することなく生徒自身に振り返りを促すことができますし、自己認識を向上させることもできます。

もし、生徒があなたのジェスチャーに気づかなければ、その生徒のそばに行って、「あなたのボディー・ランゲージに、周りの生徒は無意識のうちに反応してしまうことがあるだろう」と伝えてあげてください。

ボディー・ランゲージもアクティブ・リスニングの重要な要素です。ゆくゆくは、仕事の面接やインターンシップにもしっかりと備えられるよう、マインドフルなボディー・ランゲージをいろいろな大人と練習できる機会を生徒に提供しましょう。生徒と教職員間の共感を育み、生徒にとって「効果的な聴き方」の練習になるよい方法は、教師、管理作業員、調理員、事務職員、そして学校内で出会っているがめったに会話をしないさまざまな大人にインタビューをさせてもらうことです。

あなたは、生徒がそわそわしたり、指先をトントンしたり、時計をチラッと見たりしないようにあらかじめサポートしましょう。また、生徒同士でインタビューの練習をしておくというのもよいでしょう。うなずいたり、短く確認の応答（「はい」、「そうですね」など）をしたりすれば、聴き手は会話にあなたが積極的に参加していると感じて安心できます。

感情を表す表現——「感情を表す表現」（「私メッセージ」とも言います）を使うことは、自己防衛力を和らげ、非難を避け、自己認識を通して個人としての責任をとることを後押しし、共感力を養い、コミュニケーション力を向上させることができます。「感情を表す表現」には、次の定型表現を使います。

私メッセージ

私は、（　　　　　　　）のとき、（　　　　　　　）のように感じます。

なぜなら（　　　　　　）だからです。

黒板に例を挙げながら「感情を表す表現」を紹介しましょう。このときの表現は、否定的なものとはかぎりません。ぜひ、さまざまな感情を自由に表現しましょう。生徒に提案してもらうことによって、さらに活動を発展させることができます。まず一人の生徒に感情を、別の生徒には出来事を、さらに別の生徒にどのような場面かを、それぞれ何か一つずつ挙げてもらいます。生徒が自分の表現をつくるためのハードルを下げるための活動ですので、少々おかしな文章になってもよしとして、楽しんでください。

次に取り組める可能なステップは、生徒をペアにして、架空の人物の立場になって「感情を表す表現」をつくってみることです。そのために、最近読んだものを振り返ってもいいですし、短い子ども向けの本を生徒に読んでもらったり、コマーシャルを見せてもよいでしょう。この取り組みでは、その人物の考え方や、その人が話のなかで他者の影響をどのように受けているのかを生徒が考え、その人に共感して「感情を表す表現」をつくる必要が出てきますので、とくに効果的と言えます。

ほかの方法としては、生徒に「感情を表す表現」に書き直してもらう文章をリストにしてわたして、実際に書き換えてもらうというものがあります。たとえば、「あなたが運動場で私に失礼な態度をとったからムカつきました」という表現を「感情を表す表現」の定型に当てはめると、「私はあなたが私の前に割り込んだとき、腹が立ちました。なぜなら、私は長い間ブランコの列に並んでいたからです」と書き換えることができます。

生徒が「感情を表す表現」をどのようにつくるかを理解したら、頻繁に感情の表現づくりをサークルのときに練習するようにしてください。

リフレクティブ・リスニング――私たちはみんな、「相手の話を振り返りながら聴く[4]」という行為ができていないことがあります。たとえば、自分の心に浮かんだことにとらわれてしまっていたり、ただぼんやりとしていたり、自分の責任ではないという言い逃れを考えていたりして、アクティブ・リスニングをすべきときに人の話を聴いていなかったりするのです。それはつまり、相手の話を聴くのではなく、自分の考えや感情に焦点を当ててしまっているという状態です。

リフレクティブ・リスニングを教えて、とくに関係修復のアプローチやサークルで感情が高ぶっているとき、生徒が周りに対してより気配りのあるコミュニケーションを目指せるように支援しましょう。

リフレクティブ・リスニングは、「誰かが話をしているときには、ほかの人はその話を丁寧に聴く」ということができるようになるためのプロセスです。話し手は、最初のポイントを話し終えたら少し黙って、それまでに話された内容を聴き手に振り返ってもらいます。このようにすると、話し手は話を聴いてもらえているか、理解してもらえているかということが確認できて安心します。また、聴き手側は、聴いていてよく分からなかったところや不確かな点を話し手に尋ねることができます。

リフレクティブ・リスニングの手順

・Aが話し、Bは聴く。
Aに、「感情を表す表現」を使ってもらうようにする。
・Bは、Aから聴いた内容を次のように繰り返す。
「私は、あなたは（　　　　　　）と言ったと理解しました。それであっていますか？何か聴き漏らしていないですか？」

（4）単純に「聞き返し」と言ったほうが分かりやすいかもしれません。心理学者のカール・ロジャース（Carl Ransom Rogers, 1902～1987）が用いた言葉で、聞き手が話し手の言葉を正しく理解したことを示すために、話し手が言ったことを別の言葉に置き換えながら会話を進める方法です。

会話の例

Aさん　車を修理するという約束をあなたが破ったので、がっかりした。先週は、休暇の準備とチャーリーの病気で私はとても余裕がなかった。車の修理は、あなたにお願いしたたった一つのことだったのに……してくれなかったことは残念だ。これからは、約束を守ってほしいし、できないようなら前もってそう言ってほしい。

Bさん　あなたは、私が約束したにもかかわらず、先週車の修理をしなかったので、がっかりして腹が立っているということだね。あなたは、すでにやることがいっぱいあるので、私が何かをすると言ったら、それが信頼できることなのかについて知りたいと思っている。これであっているかな？　何か聞き漏らしていることはある？

このようにすると、Bさんは A さんの話す内容を要約しないといけないので、話を注意深く聴くことになります。ぼんやりする時間がありませんし、言い訳を考える暇もありません。また A さんは、Bさんが話を聴いているか、Bさんが考えを明確に表現しているかを確かめることができます。

もし、Bさんが正しく理解できていなかったら、次に話を続ける前に、Aさんは話の内容を再度分かりやすく説明する機会を得ることになります。

完全実施へ向けての青写真

共感力の育成は、単発的な取り組みでは達成することができません。生徒の共感力を育むには、共感力の育成を意図したカリキュラムを作成し、それをふまえて関係修復のアプローチが実践できる場をつくり、継続して取り組むことが必要となります。次に紹介するように計画すれば、教室はさらなる学びの場へと押し上げられ、みんながお互いに共感しあえるような教室文化を築くことになるでしょう。

ステップ1　ステレオタイプを積極的に取り除く

ステレオタイプは、一人ひとりの人格を消し去り、「私たちVSあの人たち」という考え方を助長させます。誰かを「あの人たち」と見ることは、その人との距離をつくり出し、その人に対する無関心ささえ生み出してしまいます。生徒たちのステレオタイプを積極的に取り払い、共感力を育みましょう。

時に私たちは、生徒が不適切な冗談を言っていることを耳にします。とくに、休み時間の廊下や食堂の見回り当番のときなどですが、そのような冗談を小耳に挟んだとしても、わざわざ取り上げることなく無視してしまうほうが簡単です。でも、もしあなたが、生徒に公正かつ公平なリーダーへの道のりを歩んでくれることを願い、共感力のある学び手として力をつけてほしいと思っているなら、このような絶好の学びの機会を逃すわけにはいきません。

ステレオタイプは、相手に嫌な思いをさせてしまうだけに留まりません。有害でさえあります。たとえば、ジェンダーのステレオタイプは女性を型にはめ、アスリートや数学者として、女性は男性より劣ると思い込ませています。女子生徒は、このようなステレオタイプが本当かどうかを確かめることを恐れるあまり、そのような状況をただ単に避けてしまっています。

別の例では、男子生徒には筋肉隆々がよいというステレオタイプの考えがあり、感情を表に出さず、「女の子っぽい」と言われるような興味をもつことに抵抗を感じています。あるいは、人種に関するステレオタイプでは、成績やテスト結果に否定的な影響を与えています。あまり勉強ができないと思われて周囲から期待されていない生徒は、先生や同級生に能力があると確信されている生徒と同じように力を発揮することができません。

どのような場面においても、ステレオタイプに立ち向かうことを習慣にしましょう。耳にした冗談や会話に対してきちんと言及することを通して、教室からステレオタイプを積極的に取り除きましょう。悪意があってのことではないと分かっていても、そのような誹謗中傷を聞かなかったことにして、大目に見てはいけません。このようなことが起こったときは、罰を与えたり、その生徒たちのマインドセットを非難したりするのではなく、そのような冗談が周りに与える影響について理解するための機会と捉えて、一緒に受け止めるようにしましょう。

ステレオタイプがどのようにしてはじまって、そして今なお続いているのか、あなたの生徒がどのようにしてそのサイクルを止められるのか（これは、より重要なことです！）について、オープンかつ誠実に対話しましょう。

ステップ2　カリキュラムを人の生き方があふれるものにする

どの学年のどの教科を教えているとしても、できるだけたくさんの、多様な人々の人生経験を教室にもち込めるように全力を尽くしてください。教科書の内容を普通に教えることだけに留めるのではなく、さまざまな人の人生の歩みから得られる学びを学習のなかに含めてください。

地学であれば、古代エジプト人とピラミッドについて議論しましょう。そして、磁気について教えるときは古代中国での磁気研究と結びつけましょう。また、ニコラ・テスラやイライジャ・マッコイ(5)のことを調べ、今の私たちの世界をつくり、支え続けている彼らの発明がどのようになされたのかについて探究しましょう。

（5）（Nikola Tesla, 1856～1943）（Elijah McCoy, 1844～1929）ともに一九世紀中期から二〇世紀中期の発明家です。

すべての教科のどの授業の背景にも人物や逸話が存在しており、生徒の人生をより広い世界へとつなげることができる素晴らしい機会とすることができます。

ステップ3　教室に生徒たちの文化をもち込む

生徒をさまざまな背景をもつ一人の人として教室に迎え入れましょう。そのために、それぞれの家での文化を生徒同士で紹介しあう機会をつくりましょう。それは、カレンダー上などで特別に定められた日だけに行うものではありません。いつするのかは、生徒に任せて計画してもらうとよいでしょう。商業的なものや、伝統的に学校で取り上げられているものではない、特別な何かを紹介してもらえるよい機会に多くの生徒が出合うことでしょう。

何からはじめたらいいのかという場合のヒントとして、次のようなことが挙げられます。

・生徒に家族のことを話してもらいましょう。家族のことを話せない生徒もいますので、全生徒へのオプションとして、自分ではなく有名人の家族を取り上げてもよいとするなど、少し配慮をするようにしてください。
・英語以外の言語を話す生徒たちに、日付をどのように言うのかとか、何かカリキュラムと関連すること[6]を授業で教えてもらうといったことをお願いしてみましょう。
・ポトラックを開催し、好きな家庭料理を持ってきてもらいましょう。

・文化的なお祭りの、伝統的な踊りなどを授業で取り上げましょう。

今や多くの資料があって、多文化理解の授業をするときにはそれらを参照することが可能となっていますが、価値ある情報をもたらしてくれる最高の源はあなたの生徒であるということを忘れないでください。

ステップ4　共感における、よくある落とし穴について教える

生徒には親切であってほしいと私たちは願っていますが、ほかの人の問題まで抱え込んでほしくはありません。効果的な共感とは、聴き手のニーズを尊重するものです。生徒には、次に示す「よくある落とし穴」に十分気をつけるように伝えてください。

解決しようとする――ほかの生徒の問題を解決するのは自分の責任ではないということを、心に留めてもらいましょう。もちろん、協力を申し出るのはよいのですが、重荷を背負うべきではありません。

（6）　それぞれが食べ物や飲み物を持ち寄って開催するパーティーのことです。

では生徒は、問題を抱える生徒が解決を望んでいるかどうかをどのようにして知ればよいのでしょうか？

生徒には、推測するのではなく、どのようにすれば最善のサポートができるのかと直接相手に尋ねて、相談するとよいと伝えましょう。たとえば、「ただ話を聞くだけでいいの？　それとも、一緒にどんな解決法があるかブレインストーミングするほうがいい？」と、尋ねるように伝えてください。

求められていないアドバイスをする――生徒は、共感的であることとおせっかいであることを混同してしまうことがあります。他人のプライバシーを尊重するように、また、真に差し迫る危害を防ごうとする場合を除いてはほかの人の会話や他人の問題に首を突っ込まないように、改めて生徒に話しておきましょう。

退けたり、矮小化したりする――共感的な対応には、相手の気分を楽にしてあげたいという思いが含まれます。そのような気持ちから、「たいしたことじゃないよ」と言って、問題となっていることが小さなことだと思えるように相手を説得する場合があります。相手を安心させてあげたいという思いからの言葉ではありますが、このように言うことによって、その人の経験を価値のないものにし、相手に恥ずかしい思いをさせたり、罪の意識を感じさせたりもしてしまいます。

課題を乗り越える

現代はＩＣＴが発達しており、考えや意見を共有できる多様な場があり、その数はかぎりなく増えていくばかりという状況になっています。またその一方で、何かの意見に同意できない人は、ほとんどの場合、同じような考えをもっている人同士で同じ場に集まるという傾向が高まっています。このような状況が原因となり、表現の自由、政治的・社会的に公正な言葉の使用をめぐる意見の対立、およびさまざまな論争を生んでしまっています。そして、同じくこのような状況が共感を育む際に課題となってしまう恐れがあります。

次のような声が聞かれたときにはどのような対応をすればいいのでしょうか。そのためのヒントを紹介しておきます。

課題1　「そんなつもりで言ったんじゃないよ！　もう誰も、冗談すら言えないね」

ステレオタイプを含む冗談を言ったり、対立が直接起きないような状況で人を中傷したりして、その修正を指摘された生徒や保護者からこのような発言を聞くことがあるかもしれません。そのような生徒や保護者には、ステレオタイプが学習に及ぼす負の影響や、学びの環境が安心できない寛容さのない場になってしまうことについて話しましょう。教師としてのあなたの仕事は、すべての学習者が安心して、サポートが受けられるクラスをつくることです。

課題2　「出た！　言葉の取り締まり警察！」

生徒は、テレビやネットで見たことを繰り返すことが大好きです。そして、自分たちの表現や個性を制限するものを排除しようとします。あなたが相手を尊重して話したり聴いたりできるように求めていることを生徒は、社会的に公正で中立な表現を自分たちに押しつけているだけだと捉えているかもしれません。

生徒には、考えや意見を表現することは自由であること、ただそれを、「人を尊重して、親切な気持ちで行ってほしいと願っているだけ」と伝えて安心させてあげてください。みんなと異なる変わった意見も大歓迎ですが、それは失礼なことを言うこととは決して違います。

ハックが実際に行われている事例

——「本当なんだ、僕がコスタ先生を見るたびに、先生は僕に怒鳴ってくる。きっと、僕のことが大嫌いなんだ。僕も、先生の言うことを聞こうとは思わない！」

アレンは、教室での出来事について私にこう話した。

アレンという生徒と私との会話では、コスタ先生のことがよく話題に上った。アレンによく見られる行動は、授業中の注意散漫、課題に取り組まない、反抗する、であった。私は、コスタ先生とアレンの関係修復のためにミディエイションを設定し、教室で何が起こったのかについて一緒に振り返ることにした。コスタ先生が話しはじめた。

「いや、アレンは注意を引くのが大好きなんだ。クラス全体に聞こえるような大音量のヘッドフォンをして教室に入ってくる。課題をするためのノートパソコンを出そうともしない。私は、二度ノートパソコンを出すように言ったが、まったく課題に取り組む様子はなかった。再度、課題に取り組むようにと注意したんだが、アレンは教室を出ていってしまった。これでは受け入れようがないよ」

私は、同じ質問を今度はアレンに投げかけた。アレンが話しはじめた。

「僕のヘッドフォンはいつも大音量なんだ。僕のパソコンは昨日バッテリーが切れて、今日は充電器を持ってきていなかった。先生は、僕に課題をしろとは言ってない。ただ怒鳴っただけだ。先生が二回目に何か言ったとき、僕は自分が変なことを言わないために教室を出たんだ。教室を出たことだけど、僕は正しかったと思っている」

そこで私は、アレンに次のように尋ねた。

「みんなが静かに勉強している教室に、突然クラス全体に聞こえるような大音量のヘッドフォンをした生徒が入ってきたら、コスタ先生はどんなふうに感じると思う？」

「知るもんか！」とアレンは言って、言葉を続けた。「たぶん、静かだったんなら腹が立つんじゃないの」

この言葉に対してコスタ先生が言った。

「たくさんの生徒が気を散らしてしまったし、なかには自分も刺激を受けて、煽られたような生徒もいたよ。私はただ、全員にとっていい学習環境にしたかっただけなんだ」

アレンは視線を落とし、「そんなことは考えなかったな」と鉛筆をいじりながら言った。

私は、ミディエイションを続けるべくアレンに次のように言った。

「あなたがなぜ、昨日パソコンのバッテリーが切れたこと、今日は充電器を持ってきていなかったことをコスタ先生に言わなかったのか、説明できるかな？」

「コスタ先生は知っていたはずだよ。だって、パソコンの電源がオンになっていなかったんだから」とアレンはつぶやいた。するとコスタ先生が、「アレン、それは分からなかったよ、知らなかった。それに、ヘッドフォンが大音量だったから、私の言っていることが聞こえるように、大きな声で話さないといけなかったんだ」と穏やかに言った。

素早く私は続けた。

「コスタ先生、そのことを話してくださってありがとうございます。アレンは音楽を一時停止していたので、先生が自分に怒鳴ったと思ったんだね」

アレンはこれに答えて、次のように言った。

「もし、僕がヘッドフォンを大音量にしていなかったら先生の声が聞こえた。充電器についても、貸してほしいと言えばよかった」

このミディエイションでアレンとコスタ先生はそれぞれの考えを知り、二人の間にあった摩擦に関してオープンな対話をし、次のステップに向けて話し合うことができた。多様な視点を得ることは、共感力を育むうえにおいて主要な要素となる。

今や二人は、見えていた行動（先生が大声で話し、生徒は課題に取り組まない）の内側でそれぞれに起こっていたことを知った。そして、二人とも、今後の授業ではより良い学習環境にたどりつくことができている。

関係修復のアプローチは、みんなの幸せを目指して、コミュニティーが時間やエネルギーを投

じてかかわりあうことによって成り立ちます。生徒が相互に共感しあうことができれば、教室での文化や、自分の行動がどのような影響を与えるかについて生徒自身も配慮することができます。共感力を育めば人間関係の摩擦は減ります。また、何か問題が起こったときでも、その解決をより容易にすることができるのです。

ハック8

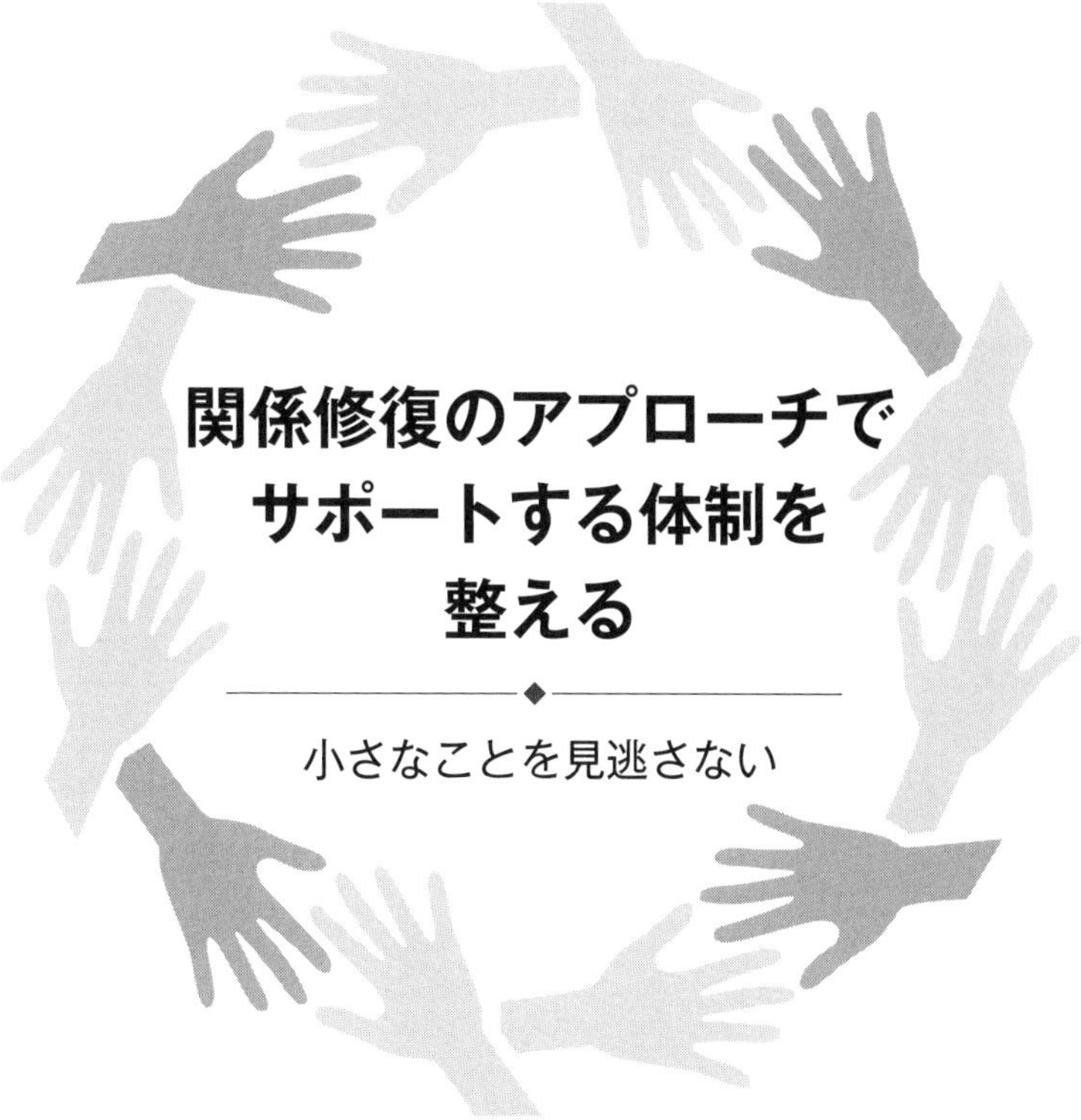

関係修復のアプローチでサポートする体制を整える

小さなことを見逃さない

戦術家であるだけでなく、戦略家になるために、
未来を見据え、成長について考え、
あなたの周りにいる賢い人たちと
アイディアを交わしはじめましょう。

（ジェニファー・レンダント）*

（＊）（Jennifer Rendant）教育と戦略的コミュニケーションのスペシャリストです。

問題──学校の方針だけでは十分ではない

私たちは教育者として、どのように生徒のパフォーマンスを向上させることができるでしょうか？ 今ある状況を何とか変えようと、多くの教師がエビデンス（証拠やデータ）に基づく新たな方法の教員研修に参加して、いろんな提案をしてくれています。そのような教師たちは、管理職が新たな方法を学校全体の方針として取り入れれば、学校の雰囲気が劇的によくなると思っています。しかし、その予測が誤りであったことに教師たちはすぐに気づきます。[1]

いったい、問題は何でしょうか？ 学校全体の方針では、個々の生徒や個別の事例が往々にして見過ごされてしまうということです。そして、取りこぼされた一つ一つが対応されずに放置されたままとなり、別の問題行動へとつながっていきます。[2]

多くの学校に、その解決法として多層支援システムが導入されています。これは一般的に知られている枠組みで、生徒のパフォーマンスを向上させるために、データに基づいた意思決定を活用するものです。多層支援システムのツールと方法を使って、教師は基本的に日々の生徒のデータを収集して分析し、それらの情報を活用して個々の生徒に潜在する弱みを特定します。

多層支援システムの目的は、一般的には、生徒のパフォーマンスの向上のために学校や教育委員会が学習到達目標と望ましい行動基準の達成状況を示すのを支えることにあります。その名称が示すように、多層支援システムには次に紹介する三つの層が設定されており、生徒の対応と支援に活用されています。

第一層「生徒全体への取り組み」――第一層への取り組みは、生徒全体を対象とした取り組みとして定義され、あらゆる場面とあらゆる生徒を対象として教師が提供するものとなっています。何か問題が起こる前に予防的な方法に取り組むことに焦点が当てられており、生徒の成長をモニタリングすることを通して、生徒が十分に力を発揮できるよう導きます。

生徒全体を対象とした第一層の取り組みのみが提供されることになるのは、全体の八〇から九〇パーセントの割合となっています。第一層では、ユニバーサルデザインによって、全員を対象

（1）ここで言うパフォーマンスとは、学力を中心に生徒の行動や生活を指しています（二四四～二四六ページに書いてあるような内容です）。

（2）この章では、著者は「多層支援システム（Multi-Tiered System of Supports：MTSS）」に「関係修復のアプローチ」を組み込むことについて述べています。アメリカでは「多層支援システム」の活用がすでに一般的になっています。しかし、それは決して「関係修復のアプローチ」が「多層支援システム」とセットでないと実践できないということではありません。むしろ著者は、「多層支援システム」のみではうまく機能しにくい現状について述べ、「関係修復のアプローチ」を組み込むことが解決策となると解説しています。

とした配慮の行き届いた質の高いクラス運営が求められます。

第二層「より対象を絞った取り組み」――第二層への取り組みは、より対象を絞って行うことが必要となります。割合としては、一般的には生徒全体の一五から二〇パーセントほどが対象となります。

第二層では、教師は個々の生徒のモニタリング結果と評価をふまえ、基準に照らして選択した一般的な介入方法によって生徒に働きかけます。言うまでもなく、これらの方法がより効果を上げることができれば、第三層の取り組みを必要とする生徒数を減らすことができます。

第三層「集中的に行う取り組み」――第三層への取り組みは集中的に行います。対象となる生徒の割合は、全体の三から五パーセント程度です。集中的な取り組みを必要とするこの層の生徒が学習できるようにするためには、個人に応じた重点的なアプローチが必要となります。

個人に応じた工夫や方法、配慮の適切性については、各専門家や健康衛生の専門職、および管理職にも確認してもらっておくほうがよいでしょう。

多層支援システムにおいて生徒がどの層にいるかについての検討は、現在不足している部分や障壁となっているもの、獲得すべき社会的・感情的なスキルを正確かつ明確にするためにという目的のもとになされるべきです。多層支援システムは、クラスをよい環境に整えることを支えてくれます。多層支援システムの枠組みには、①予防的な取り組み、②関係修復のアプローチ、③対象が明確で論理的かつニーズに応じた取り組み、の三つが含まれるべきです。(3)

多層支援システムは高い期待を寄せられているものではありますが、それだけでは学校全体を改善するためのもっとも効果的な方法とは言えません。学校の雰囲気は、学校の方針によって構築されるものではありません。相互の人間関係を結ぶことを通して学校の雰囲気はよくなっていくのです。

生徒全員を対象とした学校の方針は、柔軟性に欠けることがよくあります。また、大切にすべき人間関係について、学校を挙げてどのように育み、発展させるかに関しては焦点を当てていません。多層支援システムは、あくまでもシステムでしかありませんので、とくに生徒のニーズを個別にサポートすることが難しいのです。

たとえば、多くの生徒が社会的・感情的なサポートを必要としていると考えてみてください。

（3）①は、第一層の「ユニバーサルデザインによる全員を対象とした配慮の行き届いた質の高いクラス経営」を含む予防的な取り組みのことです。これらは、学校全体の取り組みとしてなされるとより良いのですが、少なくともクラス単位で実践できます。二一八～二二〇ページにも紹介されています。②は、第一層～第三層へのそれぞれの関係修復のアプローチ（二一五～二一六ページ参照）、③は、第二層、第三層への、対象を絞った取り組みを指しています。

多層支援システムは、生徒間に社会的・感情的な資質に大きな開きがあることを示すには役立つでしょうが、生徒一人ひとりにどのような社会的・感情的サポートをすればよいのかについては答えてくれません。

多層支援システムのモデルもまた、生徒にレッテルを貼って分類し、鳩の目のように狭い視野で生徒を捉えてしまい、全員に指導の効果があるとは言えない結果になることがあります。学校全体のアプローチである以上、この問題を克服することは難しいです。しかし、生徒を支援する方法として、「生徒に自分の行為が及ぼした影響を修復してもらうこと」を取り入れさえすれば解決策となり得ます。関係修復のアプローチを用いると、生徒たちは同じクラスの生徒と「コミュニティーである」という感覚を保つことができるからです。

このように多層支援システムに関係修復のアプローチを組み込むと、生徒の多様なニーズと、個々の社会的・感情的の発達段階に応じたサポートが可能になります。もし、多層支援システムがうまく機能しないときには、関係修復のアプローチの要素を数多く取り入れることで、多層支援システムをレッテル貼りモデルからサポートモデルへと整えることが可能となります。

ハック——関係修復のアプローチでサポートする体制を整える

学校の雰囲気は人間関係によって構築されますが、人間関係の構築はひと筋縄ではいきません。とくに、今もめていたり、もめてしまったあとだったりするときは困難です。関係修復のアプローチは、生徒一人ひとりが自分の責任としっかり向きあえるようにし、全員が居場所として感じられる学校の雰囲気をつくりあげ、人間関係をより強固なものにしてくれます。次のようなアイディアを活用して、関係修復のアプローチを多層支援システムに組み入れてみてください。

第一層における関係修復のアプローチ——第一層は、学校内のすべての環境とすべての生徒を対象とする取り組みです。第一層における関係修復のアプローチは、どのようにすればよいでしょうか？

・学校全体で、関係修復のアプローチの言葉を貼るなどして共有します。（「ハック1」参照）
・サークルを実践し、関係修復を実際に行う文化を形成します。（「ハック2」参照）
・目指す姿や期待される行動を、誰にでも分かる簡潔な言葉などで表すようにします。（「ハック4」参照）

第二層における関係修復のアプローチ――第二層は、より対象を絞った取り組みです。摩擦が発生したとき、関係修復のアプローチの内容を積極的に活用していきます。多層支援システムの第二層への取り組みに、関係修復のアプローチをどのように組み込めばよいでしょうか？

・関係修復のアプローチによるミディエイションを日常的に取り入れます。（「ハック1」参照）
・生徒が意思決定に参加できるようにし、自分の行動によって損なってしまったことを自分で修復できるようにします。（「ハック3」参照）
・成長マインドセットの考え方を共有し、奨励します。（「ハック5」参照）

第三層における関係修復のアプローチ――第三層ではもっとも集中的な取り組みを行いますので、この層への支援はすでに個々に応じた内容になっています。関係修復のアプローチをこの層で実践するには、データに基づいた効果的な取り組みを奨励する、次のような学校の文化が必要となります。

・すべての生徒と教職員にマインドフルネスを奨励します（「ハック6」参照）。
・共感に支えられた文化をつくりあげます（「ハック7」参照）。
・「人間関係をもっとも大切に」をモットーとします（「ハック1〜2」参照）。

「これさえすれば、生徒の問題行動や不足している個々のニーズを完全に克服することができる」というようなものは存在しません。というのは、生徒にとって障壁となっているものや、感情の発達段階や背景があまりにも複雑に絡みあっているからです。

多層支援システムは問題解決の単なるツールです。しかし、その各層に関係修復のアプローチを統合することによって、前向きな学校文化をつくりあげることができます。多層支援システムを取り入れるのであれば、関係修復のアプローチとともに、実践することによって学校の雰囲気や教室の文化を向上させ、生徒の生活をより実りあるものにすることが可能となります。

あなたが明日にでもできること

多層支援システムを活用しているどの学校も、導入するためには時間と練習、そして協働が必要だ、と言うことでしょう。さらに、そこへ関係修復のアプローチを付け加えるということになれば、教職員は学校の雰囲気を向上させるためにいったいどれだけの時間がかかるのかと、気が遠くなるかもしれません。私たちの一番のおすすめは、小さくはじめてみることです。一度に一つのステップのみを実践してください。関係修復のアプローチを多層支援システムに統合して今すぐ実践しはじめるために、次の方法を確認してください。

予防することの重要性――教室や学校の全生徒を対象とした取り組みとしては、「効果がすでに実証されている、エビデンスに基づいた実践を取り入れる」ことを重視してください。そうすることで多くの生徒のニーズを満たすことができますし、生徒が第一層から第二層、第三層へと移動してしまうことが防げます。

もっとも基本的な取り組みは、生徒との信頼関係を築くことです。人間関係の構築は問題を未然に防ぐ予防策です。まずは人間関係の構築からはじめましょう！

・教室の入り口で、生徒一人ひとりに挨拶をします。
・授業中、または学校にいる間、生徒一人ひとりと感情の「チェックイン」(4)を行います。
・生徒との信頼関係の構築に加えて、あなたが生徒を成功へ導こうとしていることを理解してもらえるよう、生徒の学習や行動のパフォーマンス状況を日常的に更新して共有します。

正確に評価を行うこと――適切性が実証されている正確な評価方法を通して、生徒のニーズをより的確につかみましょう。「若者の前向きな発達(5)」によるエビデンスに基づく評価システムである「四〇の発達資産(6)」を試してみてください。これはインターネットで検索可能なので、生徒に受けてもらうのも簡単です。

・評価は、生徒がどの領域にニーズを抱えているのかについて深く理解するためのものです。
・「四〇の発達資産」を、生徒の自己評価のツールとすることができます。

・このツールを使うことによって、生徒は自分の思考や行動パターンを理解しはじめることができます。

全校的な問題解決――生徒のニーズに関する重要なデータを特定し、可能な解決方法を分析しましょう。

・生徒はどの授業で苦戦していますか？
・生徒が学習に取り組まなくなるのは、主にどのようなときですか？(7)
・あなたの教え方を修正したり、サポートしたりする計画（研修計画など）をつくりましょう。(8)
・計画の効果を、進捗状況を追いながら評価できるシステムを構築しましょう。

保護者のかかわり――もし、あなたが、生徒の保護者と直接会ったことも話をしたこともなけれ

---

(4)　生徒が感じていることや今の状態などをありのままに共有する時間のことです。感情のチェック表を使ったり、感情を具体的な言葉で表現しあってみたりなど、さまざまな方法があります。
(5)（Positive Youth Development）詳細はこのあとの数行と、二二一～二二二ページをご覧ください。
(6)（40 Developmental Assets）日本語版のサイトもあります。http://40assets.ypu-kokusai.jp
(7)　このテーマに特化した本『挫折ポイント（仮題）』（近刊）を現在翻訳中です。お楽しみに！
(8)　このテーマについて、『教員研修・研究をハックする』（白鳥信義ほか著）の執筆を検討中です。お楽しみに！

ば、「やれることはすべてやった」という状態に到達していることにはなりません。また、保護者と会うときに、生徒がどれだけ学校で大変な状態であるかを話して、自分の味方になってもらおうとしてはいけません。保護者には、あなたが生徒のことを大切に思っていることを伝えましょう。

サポーティブで前向きな保護者は、そうでない保護者よりもたくさんいます。現状に満足している保護者からは、教師が話を聞く機会があまりないだけなのです。

・一日の終わりに、保護者に電話をするようにしましょう。初日から二人か三人ずつはじめて、保護者全員への電話が終わるまで習慣として続けましょう。
・収集し分析したデータに見られる、よい傾向とよくない傾向について話し合いましょう。
・生徒が学校で順調にやっていけるように、協力して取り組みましょう。

保護者と会うとき、いかに生徒が学校で大変な状態かを話して自分の味方になってもらおうとしてはいけません。保護者には、あなたが生徒のことを大切に思っていることを伝えましょう。

完全実施へ向けての青写真

　ここでは、あなたが関係修復のアプローチを用いた多層支援モデルを学校でつくりあげるための概要を提供します。あなたは、それを確認すると同時に、一人ひとりの生徒の問題を特定し、解決方法を講じることを忘れてはいけません。

　ある生徒には効果のあった方法を別の生徒に用いても効果が見られないという日があることでしょう。また、実は効果的であった方法でも、同じ生徒に次の日に用いても効果がないということもあります。それを見極めるための鍵は、生徒のニーズに応じた「柔軟性」と「順応性」となります。多層支援システムの基本要素は、「スクリーニング」、「生徒の状況のモニタリング」、「多層的な支援と未然予防のシステム」、「データに基づく意思決定」という四つです。

ステップ１　スクリーニング

　エビデンスに基づいたスクリーニングのツールを活用することとは、生徒のニーズを包括的に満たすための基本となります。「若者の前向きな発達」では、生徒のもつ発達資産を、内的なものと外的なものとに分けて確認できる「四〇の発達資産」の調査が提供されています。内的な発達資産には、「学びへのかかわり」、「前向きな価値観」、「社会的能力」、「自己に対する自信」が含まれており、外的な発達資産には「エンパワーメント」、「サポート」、「人との距離感」、「期待」、「建設的な時間管理」が含まれています。

このスクリーニングの主な目標は、リスクのある生徒と、生徒のもっている発達資産の現況を確認することです。

このような発達資産のチェックリストは、「生徒が得られていると感じているサポート」と「実際に得られているサポート」とのギャップを明らかにしてくれます。もっとも多くの生徒に表れる発達資産のギャップを分析することで、学校全体でどのように取り組むことができるのかと考えましょう。

例

もし、多くの生徒が内的な発達資産である「前向きな価値観」の項目にチェックをつけていないようだったら、「自己肯定感」を向上させるプログラムを実践しましょう。プログラムの例としては、男女別のグループをつくって、前向きな自己イメージをつくるための活動をするなどが挙げられます。

このプロセスを前に進めるために、学校のミッション・ステイトメント(9)をつくりましょう。あなたが達成したい願いと、スクリーニングを通して分かったことを示すのです。このステイトメントをよく見えるところに貼り出して、生徒、教職員、保護者、地域の人々を含むすべての関係者と共有しましょう。また、さらに広く共有するために、学校のウェブサイトにも掲載するようにしましょう。

例

私たちは、関係修復のアプローチを通して生徒の心身両面のニーズをサポートし、生徒自身の心の変化を導き、人間関係に関するスキルトレーニングによる人格発達を支援することが大変重要だと考えています。

生徒のパフォーマンス向上のために、エビデンスに基づき、実態に応じて学校の仕組みをつくりましょう。このスクリーニングは、どの生徒が平均的な生徒よりもリスクが高い状態にあり、どの生徒がより支援を必要としているのかを明らかにする手立てともなります。

---

(9)　学校としての使命、共有すべき価値観、行動指針や方針を具体的に文章にしたものです。

ステップ2　生徒の状況のモニタリング

生徒の状況をモニターすることは、生徒への支援と取り組んだ結果を評価するための基本となります。教師にとっても、いったん立ち止まって、自分の教え方や生徒の成長の様子や課題、そして教室全体の様子を振り返ることができます。同様に、生徒もモニタリングの状況を見ることで、学業面と行動面の両方から自らの成長度合いを振り返ることができます。

あなたの学校で生徒の状況をモニターするシステムを構築するために、「もっとも気をつけて見る必要があるのは何か」と自分自身に問うてください。出席率や遅刻など、あなたの学校で改善を図る必要があるところからはじめるとよいでしょう。さまざまなシステムのなかには、テストの結果に焦点を絞るようなものもあります。どのようなシステムを選ぶかは、あなたの学校がどのような向上を図りたいと考えているのかによって変わってきます。毎週、次ページの**表**に示したような点に配慮して、それぞれの状況をモニターしてください。

生徒は、振り返りシートや短い作文を書くことで自らの成長を振り返ることができます。毎週末、生徒に次のような質問をしてみてください。

- 今週、あなたが上手にできたことは何ですか？
- 今週、あなたが本当はもっと上手にできたと思ったことは何ですか？
- あなたが来週末までに達成したいことは何ですか？

表　モニタリングの主な項目

出席率（毎日、毎時間を比較して）	教科領域	規　律
・学年ごとの出席率 ・授業ごとの出席率 ・遅刻数 ・学年別の遅刻数 ・授業ごとの遅刻数	・授業中の小テスト ・標準テスト（州統一テスト） ・標準テストの対策問題 ・大学入学のための、あるいは就職のための試験	・生徒指導に関する報告数 ・停学の数（学内、学外とも） ・放校の数 ・問題行動を繰り返す生徒の数 ・最もよく報告される問題行動の種類

・今週、誇らしく思った自分の行動は何ですか？
・あなたがもう一度やり直せたらと思う行動は何ですか？
・今週、学校または家で、「このときが一番好き」と思えた瞬間はどのようなときでしたか？

先に紹介した生徒の状況に関するモニタリングをどの程度の頻度で行うかは、生徒が多層支援システムのどの層にいるかによって決めます。第一層の生徒には、学期に一度のモニタリングでよいでしょう。第二層の生徒は、毎週あるいは二週間に一度のモニタリングが必要でしょう。そして、第三層の集中的な支援を要する生徒には、毎日あるいは一週間に数回のモニタリングが必要になるでしょう。

実際に運用するときのことをふまえて、もっとも適切なシステムを考えてみてください。このことについては、以下のステップでもう少し詳しく述べていきます。

ステップ3　**多層的なサポートと予防的な指導**

小さな出来事にも丁寧に向きあって、予防のことを最大限に心がけながら多層的な支援システムを運用してください。

ステップ4　**データに基づく意思決定**

生徒の状況をモニタリングした結果を分析し、実施した取り組みと支援の内容について、効果があったことと効果がなかったことを判断します。現在のプログラムや支援が効果的であれば、さらにそれらを行うとよいでしょう。

もし、ある方法が特定の生徒集団にはあまり効果がないとデータが示していたら、生徒へのアプローチの仕方を調整しましょう。関係修復のアプローチは、生徒全体にも個人に対しても活用できますが、それですべて事足りるということではありません。あらゆる生徒のニーズを満たすために、データの傾向をよく見て分析しましょう。

その助けとなるものとして、「コノヴァー・オンライン」(10)などのデータ評価ツールを使ってみてください。多くのソフトウェア会社が、データのモニタリング、進捗状況の把握と分析に役立つ先進的なアプリを開発しています。[11]

多層支援システムの各層に、どのように生徒の状況をモニターするのかという手順を組み込んでおくとより実践しやすくなります。また、生徒の状況に関するモニターは、生徒が問題行動を繰り返すなどといったことが起こっていないか、用いた方法の効果があるのかなどを検討するためにも重要です。すべての教職員は、システムを機能させるために、多層支援システムのミッションと関係修復のアプローチによる支援に一貫性をもって本気でかかわらなければなりません。

一貫性があることによって生徒は、学校が生徒の行動や規律にどのように対応するのかを理解し、受け入れることができます。一人ひとりの生徒の将来予測は変化するかもしれませんが、生徒全員と一貫性のある「期待」を共有し、そのために活用できるツールをできるだけ多く提供することは、生徒が学校や人生において自分の力を十分に発揮していくための力となります。[12]

(10)（Conovor Online）ウェブサイトや、スマホやタブレット向けのアプリを使って評価するツールです。

(11) 日本では、マイクロソフト社の Excel 上で使うアセスなどが活用できます（https://www.honnomori.co.jp/isbn978-4-86614-114-5.htm）。

(12) データの集め方およびその活用の仕方について詳しくは、本書の「ハック９」および『「学校」をハックする』の「ハック10　三六〇度の生徒情報〜多様な視点から生徒のデータを集める」を参照してください。

課題を乗り越える

多層支援システムを学校に導入する際には、全教職員が学校全体で関係修復のアプローチについても理解を深め、「一枚岩」になることが求められます。この取り組みに抵抗を感じたり、またはは成功するイメージがつかめなかったりする教職員が次のような発言をするかもしれません。それらの課題を乗り越えるためのヒントを挙げておきましょう。

発言1 「私の方法でクラスはうまくいっている」

ベテラン教師のなかには、長年にわたって自分なりの方法で指導を続けている人がいます。そのような教師は、クラス運営をすでによく理解しており、生徒も総じてお行儀よくしています。多層支援システムを導入する前に、このようなベテラン教師からの賛同を取り付けることが重要となります。

ベテラン教師がすでに行っている実践の成果に敬意を表しつつ、現状のクラス運営を超えて、何か起こったときにより充実して対応できる方法へと導きましょう。生徒とすでによい信頼関係を構築していたとしても、否定的なことは起こってくるものです。学業面だけでなく行動面の支援にも、生徒との人間関係を大いに活用できることを伝えましょう。常に成長マインドセットを心がけてもらい、生徒の行動にそれを適用するように努めてもらいましょう。

発言2 「生徒はみんな同じ罰則を受けるべきだ」

すべての生徒は、行動する動機がそれぞれ異なります。授業では「一人ひとりをいかす教え方」[13]をしますが、それは学業面にかぎられるべきではありません。私たちには、生徒が自分の行動によって損なってしまったことを修復し、自分で責任をもって行動するための見通しを立てることが必要とされますが、それは個々の生徒について知っていることを活用し、各生徒に応じた適切な方法で行うべきです。

生徒は行動の結果に対する責任を果たすことになりますが、それは一人ひとりの生徒にもっとも効果があるように準備された方法で行われるということを、私たちは関係するすべての人に説明しなければなりません。ひとたび生徒が社会的・感情的スキルを上手に使って行動を変え、自分の行動に責任をもつようになりはじめたら、間違いなく結果（生徒の行動変容）に現れるようになるでしょう。

(13)　八九ページの注を参照ください。

発言3 「居残りや停学のシステムに戻すべきだ」

多層支援システムを実施するには、粘り強く取り組むことがそれを成功させるための鍵となります。このシステムは、問題を素早く解決するものではありません。私たちは、近道をするのではなく、長い目で生徒の状況を見ていくことを重視しています。

生徒を罰する方法に戻すのは簡単ですし、そのときはうまくいくように感じるかもしれませんが、手間をかけずに満足してしまう規律に関する指導方法の場合は、前向きな期待行動を裏打ちするのに必要となる「なぜ、そうするのか」ということに関して理解ができず、生徒を恐怖に陥れて、罰を避ける方法を教えてしまいます。

多層支援システムのよさが分かるまでには時間がかかるでしょうが、長い目で見ればより生徒のためになるということを、誠意をもって教職員に伝えることが重要なポイントとなります。

ハックが実際に行われている事例

うまくいったと思う授業もたくさんあるが、あまりうまくいかなかったこともある。もう一度あのようにできたらと思うような素晴らしい授業ができたかと思えば、授業スケジュールを作成するガイダンス・カウンセラーから、「生徒が授業に登録するのを嫌がっていますよ」と聞かされることもある。そのような状況のなかで、私たちはずっと考えてきた。

次の授業が四時間目で昼食の直前だと思うだけで、私たちは日常的にストレスを感じて不安になる。どうしてこの授業時間の生徒たちは、ほかの授業時間に比べてやりにくいのだろうか？　なぜ、課題に取り組まないでおしゃべりに熱中するのだろうか？　生徒を再び集中させるために、時には皮肉を言ったりして（いけないことだが！）いるが、結局は思ったようにはならず、ほぼ毎日失敗に終わるという結果になっている。

また、挑んでくる生徒を前にして、こちらも闘うことを選ぶとなると、「闘争的になることは受容される行動である」というメッセージを繰り返し与えてしまうだけとなる。このようにしない方法はないものだろうか？

クラス運営で大切なことは、恐れからではなく、頑張って達成したいという欲求から生徒が適切に行動できるようにすることだ。私たちは、いわゆる指導困難なクラスを数年にわたって指導した経験をふまえて、このままではいけないと決断した。そして、授業に対する私たち自身の態度を振り返り、現在の授業状態（めちゃくちゃな状態）に自分たちの態度がどれほど影響を与えているのかに気づいた。名言にもあるが、「親が幸せでなければ、子どもは幸せになれない」のだ。

私たちは生徒の保護者ではないが、クラスの文化を育てる責任者であることは言うまでもない。それに気づくと、次のステップが分かった。

私たちは完璧な指導案を立てることにあまりにも時間を費やし、それが「何とかうまくいく」ことを願ってきた。しかし、私たちは大切にする対象を変えて、一人ひとりの生徒とどのように心を通わせるのかについて計画を立てるために時間を費やすことが必要であると考え方を改めた。つまるところ、私たちは教科内容を教えるためだけではなく、生徒を教えるためにここにいるのだから。

最初に取り組んだのは、生徒が教室に来たときに挨拶できるよう、授業の開始前に廊下に出ておくことだった。時には、生徒とハイタッチをすることもあった。これはとっても気持ちのよいもので、もはや挨拶をしてあげたり、名前を覚えたり、「どう元気？」と尋ねてあげなければならないような、いわゆる「ただの生徒」という存在でなくなっていることに気づいた。

挨拶に関して言えば、私たちはソーシャル・メディアで見かけるような、生徒一人ひとりに握手をするといったオシャレな教師ではなかったが、でも最善を尽くしていた。

クラスの雰囲気が変わったことにすぐ気づいた。授業開始のとき、生徒は楽しそうでいつもより集中しているようだった。生徒は、「今日もみんながここにいてくれて嬉しい」という言葉を聞くのが好きだ。この挨拶は帰属意識を育んでくれる。この挨拶による前向きな効果は授業が進むにつれて薄れたが、これが素晴らしいスタートとなり、私たちは手応えを感じていた。

次は、生徒のとった望ましくない行動を、「ちゃんと課題をしなさい」などと大きな声でとがめる代わりに、きちんとできている生徒をしっかりほめるようにした。たとえば、「アンバーは勉強に集中しているし、上手に資料を使っていていいわね」などである。驚いたことに、課題に取り組んでいなかった生徒たちも課題に取り組みはじめた。どの生徒も、課題に取り組んでいる自分の様子を認めてほしかったのだ。

この方法が多くの生徒には効果的であったが、やはり例外もあった。ほかの生徒よりも方向づけが必要とされる生徒には、望ましくない行動に関してのやり取りを一回するごとに、必ず三回は前向きなテーマで接点をもつことにした。そのために私たちは、「生徒のよいところを捉える」方法を模索した。生徒の興味あるものが何であるのかと知ろうとしたり、勉強以外の話をした。

たとえば、チャールズという生徒は何をするのにもやる気がなく、するべき課題に取り組むことなく終わることがよくあった。チャールズと勉強以外の話をしていると、コンピューターゲームが大好きだということが分かった。私たち教師が最後にコンピューターゲームをしたのは高校生のときだったが、チャールズと同じく、高校生のときは私たちもコンピューターゲームが大好きだった。私たちは、彼とかかわりをもてるよう、どのゲームが一番面白いか、どのような戦略をゲームで使うかなどについてよく尋ねた。

二～三分間コンピューターゲームの話をしたあとなら、チャールズはたいてい課題に取り組むことができた。私たちはチャールズに、「課題を学校ですませておいたら家でコンピューターゲームをする時間が多くとれるね」と言ったり、ゲームデザインへの彼の興味が深まるような手助けをしたり、大学のゲームデザイン学科の入学に必要な取り組みを通して、彼のモチベーションを保ったりした。

私たちは、「生徒は課題に取り組むべきだ」と教えられてきたが、ただそのように言うだけではめったにうまくはいかない。生徒はそこでじっとしている意味が見いだせず、課題に取り組むことに納得をしていないのだ。加えて、生徒の脳は発達段階の途中だということもその理由の一つとなる。だからこそ生徒は、かかわりあうこと、人間関係を通して学ぶことが重要なのだ！

私たちには、日々取り組んでいることの重要性をしっかりと説明できるようになることが重要である。そして、生徒にも、私たちが生徒を大切に思っていることを理解してもらおう。

先に述べたような第一層および第二層の生徒を対象とした取り組みは、各層の境界付近にいる生徒にも、さらには集中的な支援を必要とする第三層の生徒にも活用できるし、適用することもできる。人間関係の構築と前向きなクラス運営は、多くの生徒のニーズを満たすものだ。常に、私たちはまずここからはじめなければならない。

質の高い授業とクラス運営を通してすべての生徒のニーズを満たすことは、もっとも一般的で予防的なツールとなります。生徒一人ひとりが十分に力を発揮できるようにするためには、さらに手をかけてかかわり、付加的なサポートで支援することが必要となります。さらに、それらを「あらゆる生徒に」行きわたるようにすることが重要となります。

関係修復のアプローチを多層支援システムの各層に組み込むことによって、生徒が豊かな人生を歩むことになる文化をつくり出すことができます。生徒の全体的なニーズが何かを知ることと、さらに生徒一人ひとりのニーズを明確にすることが、データに基づく意思決定を行うにあたっては重要な鍵となります。

ハック 9

誰にとっても参考になる最低限の記録をとる

データを活用して生徒を支え、問題行動の連鎖から生徒を守る努力をする

世界中のほとんどの人々は、推測か直感で判断している。その結果、彼らが得るのは幸運か誤りかのいずれかだ。

（スハイル・ドシ）*

（*）(Suhail Doshi) ミックスパネルの創業者。ミックスパネル（Mixpanel）は、評価額10億ドルに迫るサンフランシスコのスタートアップで、モバイルアプリやウェブアプリのユーザーエンゲージメントを計測するためのソフトウェアを開発しています。

問題――私たちは、「自分たちが何を知らないのか」が分かっていない

もっとも指導が難しい生徒たちに関して、「管理職からのサポートが得られない」と教師は繰り返し不満を述べます。毎日あるいは毎週、同じ生徒が同じことを繰り返し、ほかの生徒が学んでいる環境を損なって教室を出ていってしまいます。

多くの教師は、従来どおりの措置を生徒に与えることに無力さを感じています。問題行動に対して機能しているとは言い難いからです。また、管理職に助けを求めたり、管理職の部屋へ生徒を送ったりすれば教師として体裁が悪いし、管理職から「能力がない」と判断されてしまうのではないかと恐れています。

管理職に支援を求めたり、そこに生徒を送っても何も変わらないと感じている教師もいます。逆に管理職は、生徒が学校で何でもやりたい放題にするのは、生徒がそうしてもよいと思っているからだと教職員から聞かされています。

管理職として私は、「生徒との人間関係をつくるのにどのようなステップを踏んできたのか?」、「生徒の成長のために、保護者とどのような協力をこれまでにしてきたのか?」と教師に尋ねます。そして次に、生徒情報システムにログインして、生徒に関する記録に目を通し、その生徒のこれまでの問題行動とそこに存在するパターン、行動を変えるためにとるべき具体的なステップを理解しようと努めます。たとえば、次のような質問について考えます。

・この生徒は、この問題行動を何回したのか？
・そこに一貫性は見いだせるのか？
・ほかに、同じ問題行動をしている生徒はいるだろうか？
・生徒への「期待」は明確に示されているのか？
・偏見はないか？
・教師は特定の行動に固定観念をもっていないか？

たいていの場合、生徒の行動は記録されておらず、教師は保護者にも会っておらず、どのようなステップをふまえて生徒との人間関係を築き、行動の修正を試みてきたか（口頭で注意してきたとか、生徒を呼び出したとかいうようなレベルではなく）などについて、教師は適切な説明をすることができません。

同じ生徒が、ほかの授業でほかの教師と問題を起こしていることもあるわけですが、それについても共有できる記録がないために、ほかの教師や保護者、管理職と協働して問題解決にあたることができず、教師一人ひとりが孤軍奮闘することになってしまうのです。

データに基づいて決断するためには、適切に記録をつけ続けることが必要不可欠となります。教師は、関係諸機関と連携が可能で、適切なサポートのある使いやすいシステムを求めています。もし、システムが複雑だったり、存在しなかったりすれば、教職員は生徒の行動を適切に辿ることができません。

言うまでもなく、問題行動が存在したという明らかな記録がなければ、管理職は生徒に対して措置の実行を決定することができません。また、生徒が自分の行動に対して責任をもつシステムがなければ、教師も管理職も一貫性のある公正な対応をすることができません。

生徒たちの行動の修正に関して有効な対応策をとるためには、教師と管理職は生徒の現状が分かる最新データを入手していなければなりません。生徒が問題行動をとったのに、それへの対応が一週間もしくはそれ以上遅れてしまったら、生徒がその過ちから学ぶということは期待できないでしょう。

大規模な学校では、さらにこれは至難の業となります。毎日、管理職のもとには生徒指導に関する長いリストが届けられ、連絡をとるべき保護者が何人もいるため、ほかの職務との時間のやり繰りが難しいという面があるでしょう。管理職は、データに基づいて関係修復のアプローチで解決できる互恵的なサポート体制をつくるよう、教職員とともに一丸となって取り組む必要があります。

ハック――誰にとっても参考になる最低限の記録をとる

学力面でも、感情面でも、行動面でも、生徒に対する「高い期待」を学校が掲げ続けるためには、成功へのビジョンを明確かつ簡潔に示し、首尾一貫したものにしなければなりません。生徒は、教師や授業、そして管理職ごとに異なるルール、方針、期待、措置に直面しています。首尾一貫していないために混乱が引き起こされ、学校が目指す生徒の成功とは何かという目標が明確に定まらず、揺れ動いてしまいます。生徒はよい成果を達成したいと思っていますし、保護者はそれをサポートしたいと思っています。必要なことは、具体的にどうすればよいのかについてみんなが知ることです。

学校全体としても、何をもって目標を達成したと評価するのかについて示す必要があります。それとともに、生徒の行動を集約して管理するシステムを学校全体で協働してつくりあげなければなりません。このシステムは、分かりやすく、使いやすく、効果的なことが実証されていて、教職員全員が一貫性をもって公正に活用できることが大切となります。

学習上あるいは行動上の「期待」は、次に挙げるものが備わっていなければあまり意味を成しません。

・生徒は、自分の現在の状態を知っている。
・生徒は、どのように評価されるかを知っている。
・生徒は、自分の行動に責任をもっている。
・生徒は、フィードバックとコーチングが受けられる。

教育現場でよくあるのは、十分に活用しきれないほどのデータであふれかえっているか、信頼できるデータがないかのどちらかです。たいていの場合、学力や標準テストに関しては活用の仕方が分からないほどのデータがありますが、成績の背後にある「なぜ」についてのデータは不足しています。

私たちは、どの生徒の成績がよくて、どのグループに属する生徒がどのレベルを達成したかについては知っています。さらに、どの生徒がどの設問において間違ったのかまで正確に分かります。けれども、成績以外の要素、出席率、行動、モチベーション、家庭における生活などのデータがあまりないのです。つまり、私たちは「全体像」を捉えていないということです。

> 成績以外の要素、出席率、行動、モチベーション、家庭における生活などのデータがあまりないのです。つまり、私たちは「全体像」を捉えていないということです。

もし、あなたの学校に学力以外のデータを記録するシステムがないのなら、自分でつくるか、ニーズにあったものを購入する必要があります。このシステムは、一人ひとりの生徒や生徒のグループがどれくらいの頻度でどのような行動をしているのかを見つめる手立てとなります。

自分でつくる一番簡単な方法は、グーグル・スプレッドシート[1]を使うことです。一枚のシートに各授業のタブをつくってください。一番左の列に「生徒の名前」を入れてください。続いて、「日付」、「行動の記録」、「あなたのとった対応」、「あなたがとったあらゆるステップ」の欄をつくってください。そして、各週末に関係修復のアプローチの結果がどうであったのかを振り返ってください。

グーグル・スプレッドシートを使ったことのある人（または、オンライン作業を手伝ってくれる人）が問題行動のレベルやポイントを一つの欄に累積するように作成してくれることが必要となりますが、この数値が関係修復のアプローチを活用した多層支援システムへとつながります。共同編集ができるグーグル・スプレッドシートですが、保護者や生徒と共有するというわけにはいきませんし、関係する多くの教職員が書き込むためにドキュメント上のデータが混乱すると

（1）日本で一般的に使われている表計算ソフトはマイクロソフトのExcelですが、このスプレッドシートはグーグルによるオンライン上で共同編集ができる表計算ソフトとなっています。マイクロソフトのオンラインExcelも含めて、オンラインで共同編集ができるものであれば何を使ってもよいでしょう。

いった限界もあります。しかし、まずはデータを記録するということを試してみるには、安価で簡単な方法と言えます。グーグルの製品はかなり簡単に使えるので、「コンピューターはまったく苦手」という教職員でも大丈夫です。

あなたが明日にでもできること

生徒の行動を指導する権限をもっている今の状況を、教師が完全に変えようとすることは大変な挑戦となります。しかし、いくつかの方法でその緊張や不安を和らげることができます。次に示す方法であれば、生徒の問題行動に対応し、適切な行動を促進するために教職員が一致団結する際に有効となるでしょう。

あなたや教職員が生徒に求める行動を明確にする——生徒の問題行動の数は、クラスや学校で起こるたくさんのよい行動に比べればほんのひと握りにすぎないとしても、私たちは学ぶ環境を損なう行動が何かということについて見極めるために多くの時間を費やしています。私たちは、生徒、クラス、学校を成功へと導くものが何かということをしっかりと考えなければなりません。

生徒は、自分やほかの人のためになることとしていったい何ができればよいのでしょうか？　おそらく、私たちが最初にすべきことは、学校のミッション・ステイトメントと教育目標を見直すことです。私たちは生徒に何を求めているのか？　どこへ向かって導かなければならないのか？　宣言したビジョンや目標を現実のものにするにはどうすればよいのか？　などについて再考するのです。

私たちは、勉強熱心であることなどの学習上の側面だけではなく、生徒を勉強熱心にするための突破口となる前向きな行動や社会的・感情的な側面も重視しています。生徒を成功に導く行動例としては、（使う言葉、起こす行動、そして人間関係において）「尊重する」、「責任感がある」、「粘り強い」、「かかわろうとする」、「集中する」、「寛容である」、「安心・安全である」などとなるでしょう。

もっとも重大な問題行動を明確にする――クラスや学校において、生徒が順調にやっていくことを妨げてしまう行動を特定するにあたって、おそらく苦労することはないでしょう。結局それは、職員室や教職員のミーティング、廊下での会話でいつも話題になっていることだからです。

気になる行動が数え切れないほどあるとしても、大切なことは、学力的、社会的、感情的に、前向きな学習環境を醸成するにおいてもっとも大きな影響をもたらすことになる行動に焦点を当てることです。授業中にメールを打ったりする行動は悩ましいことですが、この行動のみがその生徒の試験における大失敗につながるわけではないでしょう。

もっとも大きな、否定的な影響をもたらす行動が何かを見極めるための簡単な方法は、一人ひとりの生徒が力を十分に発揮して成果を達成していくために重要となる行動が何であるかを探ることです。たとえば、「生徒が責任をもつこと」を重視するなら、問題行動になるのは「責任感の欠落した行為」ということになるでしょう。また、前向きなクラスの環境には「尊重すること」が大切だとすれば、「尊重する態度が欠落した行為」が生徒とクラス全体の環境によくない影響を及ぼしていることになります。

端的に言えば、学校やクラスの行動記録管理システムをつくるときには、その行動のもとに分類される行動群をさらに特定する必要があるということです。たとえば、対象となる行動を「責任感」としたとしましょう。そうすると、その「責任感」のもとに入る行動は、提出期限を守る、忘れ物をしない、などとなるでしょう。

または、「上手にスペースを共有すること」を大切な行動[2]とした場合はどうでしょうか。それに属する行動は、授業中に水分補給が必要なときはみんなの邪魔にならないようにそっと飲む、教室の床に紙くずを落としたまま放置しない[3]、などとなります。

生徒の行動改善にあたる委員会またはチームを結成する——教職員、管理職、そして保護者や生徒を対象とした、多様な関係者で構成される「行動支援のためのチーム」をつくってください。

このチームのメンバーに求められるものは、生徒の行動についてしっかりと理解していること、そして関係修復のアプローチの内容をよく知っていることです。なぜなら、このチームはただ単に生徒を罰するのではなく、適切な行動へと生徒をどのように導いていくのかが重視されるからです。

まずは、肯定的な行動と否定的な行動をはっきりさせ、どのようなデータをとるかを決めることからはじめます。そして、データを分析し、否定的な行動を克服して、肯定的な行動を促進するための「行動計画」を立てます。

チームのメンバーには、生徒指導に関するもっとも有効となる方法を絶えず更新し、ミーティングに参加し、チームに貢献して、ひたむきに打ち込むことが求められます。多くの委員会では、最初は勢いがよくても徐々に立ち消えになることがよくありますので、まとめる能力があり、能率的で、メンバーの個性をきちんと活かせる能力をもった人を委員長として選出することが大切となります。

（2）これは「ハック4」で紹介した「期待」にあたるものです。

（3）原書では、ガムを噛むときの配慮の例になっています。

完全実施へ向けての青写真

学校全体でシステムをうまく継続的に運用するためには、多くの労力、忍耐、見直しが必要となります。鍵となる教職員にその過程にかかわってもらうことが大変重要で、紆余曲折をチームとして乗り越えていくことができれば、最終的には取り組んでよかったということになるでしょう。生徒のデータを記録する持続可能なシステムをつくり、実際に改善のためにデータを活用し、その過程から多くのことを学びましょう。

次に示すのは、あなたとあなたの学校が成功への道を辿るためのステップです。

ステップ1　生徒の行動記録システムを試験的に導入する

ミーティングや、プログラムの入念な検討、リサーチなどに多くの時間を費やしたのに、全員でかかわることができずに終わってしまったというような、数え切れないほどのシステムやプログラム、そして取り組みが山積しています。新しい取り組みが失敗に終わるというもっとも大きな理由の一つは、少しずつ適切に拡大していくという方法をとらずに、最初から大規模に、また拙速に実施することです。

私たちがすすめているのは、小さくはじめることです。そうすれば、事が大きくなる前に、うまくいかない部分や不満を修正することができます。学校全体のシステムとして全職員や各種委員会の役員メンバーを巻き込んでいく前に、問題となるところがないかを試してみながら一緒に取り組んでくれる小さな教師グループで、生徒の行動記録に関するシステムづくりをはじめてみましょう。

最初は、二〜三つのクラスからはじめるとよいでしょう。もしくは、一つのクラスからはじめてもいいくらいです。否定的な行動と肯定的な行動をシンプルに記録していくのです。かかわってくれる教職員にフィードバックをもらい、生徒の行動記録システムを修正していくことが必須です。

全体的な評価を行う際に大切となるのは、そのデータシステムが本来の目的にかなっているかということと、教職員にとって使いやすいかということになります。試験的な導入の際には、集中的な支援を受ける第三層に生徒が到達するのが早すぎたり、記録している行動があまりに些細な内容だったり、データをとる必要がある行動が含まれていなかったりなど、さまざまな改善すべき要素が現れてきます。二〜三人の教師で試していれば、機能上の基本的な誤りを修正するのが容易ですし、研修に関してどのようなニーズがあるのかも簡単に分かります。

ステップ2　振り返りと改善にデータを活用する

歴史は繰り返すと言いますが、生徒の行動についても同じことが言えます。つまり、問題行動は繰り返されるのです。生徒の行動は、学校において十分な力を発揮しているかどうかを判断するためには大切な要素となっていますが、行動の記録がずさんだったり、記録が有効に活用されていなかったりすることがよくあります。先週、ある問題行動で苦戦していた生徒であれば、今週もまた同じように苦戦を強いられています。あるいは、昨年苦戦していた生徒が、今年もまだ同じように苦戦していることもあるのです。

生徒の行動は、しばしば彼らの生育歴や自己肯定感、周りからの評価、障がい、学校での取り組み方などの要因で構成されたうえで症状を呈しています。症状に対する適切な対応がなければ、あるいはまったく対応がなければ症状は表出したままとなりますし、悪化もするでしょう。正確な生徒の（症状の）データシステムは、行動を察知し、教師による対応を支えるのみならず、関係修復のアプローチを通して行動の根本原因に本腰を入れて取り組むための助けとなるのです。

あなたのつくった「生徒の行動支援委員会」に集まって、生徒の行動傾向を検討するためのミーティングを設定しましょう。たとえば、月に一回とか三か月に一回などです。

ほとんどの学校は、残念ながら、停学や放校にしか興味を示しません。しかし、あなたの新しいデータシステムは、生徒一人ひとりの詳しい状況にもっと迫ることができます。小さな問題行動に関して対応されなければ、しばしば大きな問題行動へとつながってしまいます。ここでは、生徒が力を発揮するための妨げとなっているとあなたが特定した問題行動を探しましょう。尊重しない、準備していない、課題をしない、などです。

どの教師が生徒の問題行動に対してより多くの措置を与えているのか、またどの教師が生徒の前向きな行動をもっともよく認識しているのかについても目を配ってください。関係修復のアプローチを忠実に用いている教師は、小さな問題行動を報告しているでしょうか？　生徒との信頼関係が構築できない教師がもっとも問題を抱えているでしょうか？　若い教師は、生徒に責任をもたせるべきときにそのようにしているでしょうか？

分析における重要な視点は、種々のグループごとに記録されている出来事の数と種類を比較することです。「偏見」は、停学や放校が発生するときだけでなく、学校においては日々起こっていることです。これらの偏見は報告されないために管理職やほかの関係者たちには見えづらいものとなっていますが、差別を受けている当該生徒にははっきりと見えているのです。

データを分析したら行動計画を立てましょう。学校においてもっとも大きな問題を特定し、それを改善するための実効的なステップを明確にしましょう。たとえば、あなたの学校におけるもっとも大きな問題は、生徒が授業中の課題に取り組まないことだとします。行動支援委員会のメンバーとともに、その行動を減らすための解決策を求めて調査し、一緒に取り組みましょう。

一つの例としては、生徒が課題に取り組んでいる間、教師は椅子に座っているのではなく、一人ひとりに声をかけながら丁寧にカンファランスをして回るなど、どのように目を配ればよいのかというコツを紹介することです。または、教師が話しているときは気を散らしていないことが分かるように、コンピューターのスクリーンを半分以上閉じてもらうというのもよいでしょう。

なお、大きな問題の一つとして、教師の指導に熱が入っていないから生徒が課題に取り組まないという結果を生んでいることも挙げられます。これについては肝に銘じておく必要があります。

問題行動の根本原因が何であるかにかかわらず、データをとることは大切ですし、行動計画を立てることが重要です。もし、教職員がある特定のグループの生徒たちにより高い割合で措置を与えていたなら、その教職員には、教室における生徒の多様性をより深く理解し、自分の偏見に気づくことを目的として、多文化に関する能力向上を検討する必要が生じてきます。

課題を乗り越える

学校内のどこにいても同じ「期待」に基づいて生徒に責任を求めるこのシステム、最初は慣れ親しむのが難しいかもしれません。なぜなら、生徒はもはや逃げることができませんし、生徒が

「ほかの先生は何も言わないのに、なぜ先生は注意するの？」と教師を非難するようなこともできなくなるからです。一方、保護者は、ほかの子どもは同じことをしても許されているのに、自分の子どもの問題行動ばかりがターゲットにされているのではないかと思うかもしれません。

データをとることで、管理職にとっては教師が正直でいることを助け、教師にとっては生徒が正直でいることを助け、保護者にとっては、生徒の学力向上を妨げている行動上の課題をより明確に認識することができるようになります。しかし、同意を得る前に次のような抵抗があると思っておいてください。

抵抗１「そんなことをすれば、私と生徒との信頼関係が損なわれます」

生徒とのよい信頼関係を築きながら、学力や行動に対する責任をもたせるということは両立が可能です。教師は生徒の友人ではありません。教師の仕事は、生徒が十分に力を発揮できるように支援し、そのためにもっともよいと思われる条件を整えることです。

時に、それには厳しい愛情が含まれます。教師は、誰も好んで生徒の問題行動や遅刻の記録をとりたくはありません。しかし、生徒には、教師が彼らの力を引き出し、成功へ導くために取り組んでいることや、前向きで安全な学習環境の維持にもつながることを同時に理解してもらう必要があります。

措置を講じる前に、常にその理由や目的を説明したり、措置を実行するための注意を与えたりしてください。そして、措置はできるだけ肯定的に、かつ生徒に責任をもたせる必要をあなたがしっかりと確信したうえで行ってください。あなたがわだかまりをもたずに、翌日すっきりと新しいスタートを切って生徒と接すれば、生徒はちゃんと立ち直りますし、それまで以上にあなたの期待に応えようとするでしょう。決して、あなたをがっかりさせることはありません。

抵抗2　「ほかの授業でどうかではなく、私の授業で生徒がどのようにしているかが大切なのです」

生徒行動記録システムは、否定的な行動を観察してコーチングをするとともに、肯定的な行動を促す助けとなりますが、それを導入する鍵は、より広い視野で生徒を捉えることです。たとえば、数学でAをとった生徒がいるとしましょう。その生徒の学力面での成功を全体的に見るには、国語、歴史、科学、そして選択科目ではどうなっているのかを知ることが必要となるでしょう。

学校全体の生徒行動記録システムをGPA（成績平均点評価システム）と比較して考えてみると、生徒行動記録システムは行動面での全体的な健全度を示してくれます。また、生徒一人ひとりがどこで苦戦しているのかについて、各授業の様子からうかがい知る視点をあなたに与えてくれるという他に類を見ないものとなります。

生徒の否定的な行動を克服するために学校が一致団結すれば、教師集団は、本当の変化をもたらすために生徒の行動パターンや傾向を活用することができます。もし、日常的に生徒がすべての授業で遅刻をしているという傾向がある場合は、学校全体、もしくは複数のクラスでこのシステムを共有すればより早く問題を解決することができます。というのは、遅刻の対応に異なる方法を用いる教師がいたり、遅刻についてほかの教師が知らなかったり、遅刻に対して気にもかけない教師がいたりすることがなくなるからです。

仮に、ある生徒が同じ日に三つの授業で遅刻をし、また同じ週に多くの遅刻をしていたと想像してみてください。システムによって設定された値によってすべての遅刻数を一括して把握することができれば、その生徒は遅刻を改善するための支援を受けることができますし、自らの行動に対する責任を果たすこともできるのです。

抵抗３　「教師は忙しくて、このようなことをする時間がありません」

教師には、指導案の作成、Ｅメール対応、座席表の準備、成績づけ、そのほかにもやるべきことがたくさんあります。そのような状況のなかで、さらにもう一つやるべきことが加われば崩壊してしまうかのように考えてしまうかもしれません。

私たちは、教師に期待や課題をどんどん与え続けますが、膨大な仕事が山盛りになった教師のお皿から何かが取り除かれることはめったにありません。教師は、簡単なボタンを押すことに逆戻りし、生徒をクラスから放り出したり、居残りをさせたりするか、または報告書の作成や家庭への電話をしたくないので、何もしないということになってしまいます。

しかし、問題行動の引き金になっていることを解明せずに罰だけを与えても何の解決にもなりません。もし、生徒に起こっていることを知りたいとあなたが思っていることや、あなたがよく話を聴いてくれるということが生徒に伝われば、好転する機会は飛躍的に高まります。

生徒と保護者との人間関係を築くことは、多くの場合は予防的な取り組みとなりますが、長い目で見れば時間の節約につながります。どれだけの回数、どれだけの時間を、生徒の規律、破壊行為、遅刻、課題を提出しない生徒のチェックなどに費やしているかを考えてみてください。もし私たちが、問題行動の引き金について生徒とともに理解するためにより多くの時間を費やすことができれば、行動そのものに対応する時間は減るはずです。

私たちは教育者として、保護者も同じ船に乗っていることを心に留めておかねばなりません。保護者は子どもの誤った行動から目をそらそうとするかもしれませんが、時間をつくって保護者と会い、保護者との信頼関係を築くことに労力を注ぎましょう。生徒に関する肯定的な会話を通じて、あなたがひとたび保護者との信頼関係を築くことができれば、たいていの保護者は生徒の問題についてあなたと一緒に取り組むことを受け入れるでしょう。

もし、問題行動がそれでも繰り返されるようであれば、さらにデータに基づいて、生徒が行動を修正し、過ちから学び、共感力を育むために必要となる支援を受けることになります。もし、問題行動が記録されなかったり対応されなかったりすれば、繰り返されているうちに行動は悪化することになります。

また、コーチングをせずに罰を与えることは、生徒自身にもほかの人々にも本当の変化をもたらさない、「アメとムチのシステムのなかを生き延びろ」と生徒に教えているようなものです。コーチングと関係修復のアプローチを通して生徒の成長に時間を投じれば、のちに問題行動で悩まされることが減り、あなたのクラスの生徒をより良い市民へ導くことになるでしょう。

ハックが実際に行われている事例

肯定的な行動と否定的な行動を記録する方法は、それぞれの生徒が力を十分に発揮するために必要とされるスキルを養い、行動に対する責任も果たせるように教職員をエンパワーする。

インディアナ州インディアナポリスにあるパーデュー・ポリテクニック高等学校は、学期の時間割がないというユニークな学校である。実際には、生徒のニーズやその週にある学業面での内容、またフィールドワークやその他の特別なイベントに応じて時間割が毎週変わっている。

生徒は、少なくとも週の半分は自分のペースで学びの時間を過ごしている。その時間は、学習管理システム上(4)にあるカリキュラムを活用して、自分のペースで授業内容を進めている。個々の学びの時間は、学校のどの場所で勉強するかについても生徒は選ぶことができる。もし、数学の支援が必要な場合は数学ラボへ、科学の支援が必要ならサイエンスラボへ、国語や歴史で支援が必要ならコミュニケーションラボへ生徒は行っている。

生徒自身が学びの主人公になり、自分のスケジュールを組み、時間の使い方の優先順位を決められるようにエンパワーすることは素晴らしいのだが、これは同時に、生徒の不適切な行動が大量に噴出する機会ともなる。「ひさしを貸したら母屋まで取られる」という諺があるが、あまりの自由さに、まさにそのように要求を膨らませてしまう生徒もいる。

一見すると、教師は生徒に授業内容を教えることよりも多くの時間を、生徒が勉強に戻ることや問題行動の対応に費やしてきた。生徒の行動に責任をもたせる有効な方法がなかったために無力感を感じる教師もおり、不満のレベルは高まっていった。

私が以前に勤めていた学校では、教職員の間で生徒の行動記録と管理に関する情報を可視化して一貫性のあるものにするために、また生徒が自分の行為に責任がもてることを目指して、生徒の行動記録に関する効果的なシステムをディジタル化した。「行動ネット」というタイトルのグーグル・ドキュメント[(5)]をつくり、そこに生徒たちの小さな行動について教職員に書き込んでもらったのだ。

すべての教職員がその仕組みに慣れると、とても円滑に活用することができた。私は、教師が生徒の行動管理に苦戦している様子を見て、前の学校で使っていたものを「改善の余地はあるが」と言いながら二〜三人の教師に見せた。「すぐに導入したい」と言った教師もおれば、「生徒の否定的な行動をチェックするのはちょっと……」と保留した教師もいた。それ以外にも、「今まさに取り組むべきことだ」と話す教師もいた。

生徒の行動記録である「行動ネット」を試験的に導入したあと、夏期講座の間に、より多

（4）（Learning Management System）コンピューター上に生徒一人ひとりのカリキュラム、時間割、シラバス、教科別の課題や達成基準、テストの予告などを一括して示し、生徒自身が学習の進捗状況を管理できるようにするシステムです。

（5）先に紹介したグーグル・スプレッドシートと同じ、ブラウザ上でオンラインの共同編集ができる文書作成アプリです。使い方はマイクロソフトのWordと似ています。これと似た方法が『学校をハックする――大変な教師の仕事を変える10の方法』の「ハック10」で紹介されています。

くの教師が生徒の行動を記録して管理する方法の有用性を理解するようになった。夏期講座が終わった秋学期に「行動ネット」が本格的に導入され、生徒の行動に目を見張るような違いが現れた。

デイヴィッドという名前の生徒がいたとしよう。デイヴィッドの抱えている問題は、行くべき場所へ行かないこと、いなければいけない場所に続けておれないこと、そして続けて課題に取り組めないことだった。デイヴィッドが新しい場所へ行くとき、または課題に取り組もうとしないときは、教師が常に「行動ネット」にそのことを記録し、前もって確認し、警告し、措置を与えた。

ある日の終わり、デイヴィッドは三人の異なる教師から三つの記録を受け取った。デイヴィッドはまだ自分の行動から学んでおらず、その週は同じようなことが続いていた。

学生部長は、「行動ネット」において、今週デイヴィッドに関する書き込みが八つもあるのを見た。基本的な内容は、課題をしないことと遅刻である。多くの学校では、デイヴィッドのような生徒は校長室や職員室に文書で申し送りされるほど「ひどい」ことをしていないので、何の支援も受けないままその行動を続けていくことになるだろう。しかし、この学生部長は、教師のストレスもさることながら、これらの小さな行動の数々は、デイヴィッドが自らの力を発揮することを妨げる原因になっていると気づいた。

デイヴィッドを関係修復のアプローチに呼んだ学生部長は、彼の行動が周囲に与える影響や、彼の行動がどのように問題を引き起こしているのかについて共感できる力を育み、デイヴィッド自身が改善計画を作成することを支援した。

「行動ネット」のデータをもとにして関係修復のアプローチによる対話を行った結果、デイヴィッドはオンライン上での課題の取り組み方と時間の使い方に苦戦しており、それが理由で心理的に抵抗するメカニズムが働いてしまい、教師に助けを求めるのではなく、課題そのものを回避していたということが分かった。

ミーティングを行ったことで、デイヴィッドは自分がどのように行動すればよいかについて適切に選択ができるようになり、当然のごとく学力も向上していった。

多層支援システムがうまく機能するためには、いつでも分析が可能となるデータが準備されている必要があります。もし、データを管理するために効率のよい電子システムを学校が活用すれば、教職員のペーパーワークは減り、より早く適切な判断が下せるようになり、より多くの時間を生徒との学業に充てることができます。もっとも重要なデータは、標準テストで合格点以上を

とる生徒数が伸びたとか、問題行動の数が減ったということではありません。大切なのは次のようなことです。

・どれだけの生徒が愛されていると感じているか。
・どれだけの生徒が朝食を食べているか。
・どれだけの生徒がサポートがあると感じているか。
・どれだけの生徒が幸せか。
・どれだけの生徒が希望をもっているか。

問題行動に的を絞ることと生徒が責任をもてるようにすることにおいて、規律に関するデータをとることはとくに効果的と言えますが、措置を講じる前には、必ずデータの背後にある「ストーリー」を理解するようにしてください。ひとたび行動の根本的な原因にたどりつくことができれば、私たちは生徒とともに持続的な変化を起こすことができます。

学校は、肯定的な行動を促進し、否定的な行動を克服することに対して、一貫性をもって取り組む必要があります。生徒が問題行動に関するコーチングを受けながら平等に対応されるという前向きな文化をつくり出すためには、適切に報告し、効果的に関係修復のアプローチを実施し、行動データを分析することが必要です。

私たちは、管理職や職員室までは報告されない、また停学や放校の数にはカウントされないような行動に対して、きめ細やかに目を配らなければなりません。生徒の問題行動は、学校にもっとも深刻な影響を与える要素の一つであるにもかかわらず、生徒の行動データを重視する委員会が設置されている学校はほとんどありません。一方、学力や課外活動に関しては数多くの委員会があるのです。

私たちは、すべての生徒に適切に対応するために、生徒の学業や行動に関するひずみを特定し、適切に生徒とかかわるための知識とスキルを身につける機会を教職員に提供し、行動計画を実施しなければなりません。教職員やその他の関係者には、生徒を罰するのではなく、生徒をコーチングするほうが長い目で見るとよいのだ、ということをしっかり理解してもらいましょう。

おわりに――生徒たちは、自分の「声」を聴いてもらえて理解してもらう必要がある

元々、生徒たちは問題を抱えた存在ではありません。生徒は、自分の劣っているところをクラスで学習する場合と同じく、問題行動に対処する方法を身につける必要があります。従来から実施してきた「アメとムチ」のしつけ方が、より多くの対立、排除、レッテル貼りをつくり出してきたということに気づけば、増え続ける生徒の症状にうまく対応することができます。

関係修復のアプローチは、罰を与えるような事件を取り上げて、行動の背景を明らかにし、損なってしまったことを修復するための責任をもたせ、間違いを正すための具体的なステップを考え出します。感情をコントロールすることを教えるのではなく、学び取ってもらうアプローチなのです。

生徒は大人ではありません。そのため彼らは、時間の管理、学習スキル、優先順位の設定、ソーシャルスキル、人格形成などにおいて助けを必要としています。私たちは、未熟さや無責任な態度を受け入れてしまうのではなく、コーチングの必要性があるということを認識すべきです。これが、つまり、まだ感情的に洗練されていない生徒をサポートすることに焦点を当てるのです。

彼らの成長を助けるためにあなたのような人が必要な理由です。

　生徒が問題を解決できないからといって腹を立てないでください。どうしたらよいかについて、繰り返し教えてあげてください。多くの生徒が、問題解決に向けた助けを必要としているのです。コミュニケーションをとることは容易ではありません。生徒が上手に対立を解消するスキルを身につけるためには、まず自分の言い分を聞いてもらう必要があります。彼らに何が「正しい」かを説くだけでは、私たちの期待や願いが彼らに届くことはありません。

　成長するために、生徒には「コーチング」、「モデリング」、「期待の一貫性」が必要です。些細な問題行動に対して生徒に罰を与えてしまうことは簡単ですが、それでは長期的な変化は期待できません。多くの生徒は、自分の行為について十分に考えるといったことをしません。これは事実です。彼らは衝動的で、自らの行動の結果については考えません（大人だって同じです！）。私たちは、彼らが正しいことをしたいと思えるように、そして自分以外の視点から考えられるように援助しなければならないのです。

　人生で十分力を発揮するために必要となるスキルを生徒が身につけるために、私たちは意図的に教える必要があるのです。しかし、より大切なことは、彼らが誤った行動をしたとき、どうすればよかったのかを理解して、軌道修正できる方法を教えてあげることです。もし、あなたが生徒の行動を変えたいのなら、彼らが正しいことをしているときを見つけてほめてください。彼らが共感力を見せてくれたときは、それをほめて肯定するのです。そうすれば、彼らは繰り返し同じことをするでしょう。

生徒を停学処分にすることは、ドアを閉めて、彼らにドアの鍵を与えないようなものです。関係修復のアプローチは、もめ事を起こさないようにするための鍵を彼らにわたすだけでなく、さまざまなことを達成するための潜在的な力を引き出します。生徒が犯した間違いから学べるもっともよい方法は、それに処分を下したり、叱ったり、罰を与えたりすることではなく、正しく行動するための方法を生徒自身に考えてもらうことなのです。

罰を与えることは手早くて簡単ですが、そのような応急処置の効果は短いものです。関係修復のアプローチには時間と努力が必要とされますが、その効果は長続きします。私たちには選択肢が二つあります。罰を与え続けることで（時間をかけずに、その場かぎりで）行為を正すか、それとも関係を築き、問題の原因を究明し、生徒の問題行動を改善するための支援に時間をかけるか、です。

おそらく、私たちが生徒に教えられるもっとも価値のある人間の特質は共感です。共感とは、恥ずかしい思いをさせたり、嫌悪感をもたせたりするのではなく、自分の行動によって影響を及ぼしてしまった人たちについて理解を示したり、損なってしまったことに対して修復する必要性を教えることです。たとえば、もしカフェテリアで食べ物を投げた生徒がいたとしたら、その行動に論理的な一貫性をもつ「結果」は、カフェテリアを清掃し、カフェテリアの職員と元どおりのよい関係を取り戻すこととなります。

生徒だけでは、食べ物がテーブルの上にあるか、床の上にあるかの違いにしか見えず、それがほかの人に対してどのような影響を及ぼすかについて分からないという可能性があります。生徒は、衝動と「そのとき」がよければよいという感覚で行動する、自己中心的な世界のなかで育っています。このような状態は、行動する前に考えたり、あとで自分の行動を振り返ったりするといったこととは対極に位置していると言えます。

どんなによい計画やプログラムやビジョンがあっても、実際に実施して、ほかの教職員から意見をもらわなければあまり成果が期待できません。関係修復のアプローチは自然に起こるものではなく、教職員全員が生徒にとっての最善を考えて「行動すること」なのです。関係修復のアプローチに支えられた学校コミュニティーを実現することができれば、あなたの学校では停学や退学数が激減し、生徒の学力が向上し、驚くほど協力的な学校文化が構築されることでしょう。

私たちはみんな、同僚たちが幸せに働き、保護者が喜んで子どもたちを送り出し、そしてもっとも大切なこととして、生徒たちが安心安全で、エンパワーされて、学びたいと思える学校の環境をつくり出せる構成員でありたいと思っています。関係修復のアプローチは、まさにそれを可能にしてくれるだけでなく、みんなの毎日を改善してくれるものなのです。

本書の訳注において紹介した本の一覧

・エリクソン、リン『思考する教室をつくる概念型カリキュラムの理論と実践』遠藤みゆきほか訳、北大路書房、2020年
・エンダーソン、マイク『教育のプロがすすめる選択する学び』吉田新一郎訳、新評論、2019年
・グリーン、ロス・W『教師と親のための子どもの問題行動を解決する3ステップ』井上祐紀ほか訳、日本評論社、2013年
・サックシュタイン、スター『成績をハックする』高瀬裕人ほか訳、新評論、2018年
・サックシュタイン、スター『宿題をハックする』高瀬裕人ほか訳、新評論、2019年
・タバナー、キャシー『好奇心のパワー』吉田新一郎訳、新評論、2017年
・チェインバリン、アダム『挫折ポイント（仮題)』福田スティーブ利光ほか訳、新評論、近刊
・ドーソン、ジェラルド『読む文化をハックする』山元隆春ほか訳、新評論、2021年
・トムリンソン、C・A『ようこそ、一人ひとりをいかす教室――「違い」を力に変える学び方・教え方』山崎敬人ほか訳、北大路書房、2017年
・バーンズ、マークほか『学校をハックする――大変な教師の仕事を変える10の方法』小岩井僚ほか訳、新評論、2020年
・フィンチ、アティカス『アラバマ物語』菊池重三郎訳、暮しの手帖社、2017年
・ブース、デヴィッド『私にも言いたいことがあります』飯村寧史ほか訳、新評論、2021年
・モーラン、キンバリー『子育てのストレスを減らす10の「魔法のことば」――子育てをハックする』阿部良子ほか訳、新評論、2020年
・山田洋平『対人関係と感情コントロールのスキルを育てる中学生のためのSELコミュニケーションワーク』明治図書、2020年
・ラッシュ、マーサー『退屈な授業をぶっ飛ばせ！――学びに熱中する教室』長﨑政浩ほか訳、新評論、2020年
・レント、リリア・セット『教科書をハックする』白鳥信義ほか訳、新評論、2020年

訳者紹介

高見佐知（たかみ・さち）

ハワイ州教育局インターンを経て、アメリカの大学院にて学校管理運営を学び、マリカの教育系ワークショップを多数受講しました。日本の教育現場でがんばっておられるみなさんを支援することがライフワークとなっています。

中井悠加（なかい・ゆか）

島根県立大学人間文化学部講師。すべての生徒にとって学校が通いたくなる楽しい場所になることを願っている一人です。専門は国語教育学ですが、最近はその基礎とも言える「学びの文化」をつくることに関心をもっています。

吉田新一郎（よしだ・しんいちろう）

人間関係とコミュニケーションがすべてのベースだと改めて気づかせてくれます。『好奇心のパワー』とセットでぜひお読みください。問い合わせは、pro.workshop@gmail.comにお願いします。

生徒指導をハックする

——育ちあうコミュニティーをつくる「関係修復のアプローチ」——

2020年12月15日　初版第１刷発行

訳者　高見佐知
　　　中井悠加
　　　吉田新一郎

発行者　武市一幸

発行所　株式会社　新評論

〒169-0051
東京都新宿区西早稲田３-16-28
http://www.shinhyoron.co.jp

電話　03(3202)7391
FAX　03(3202)5832
振替・00160-1-113487

落丁・乱丁はお取り替えします。
定価はカバーに表示してあります。

印刷　フォレスト
装丁　山田英春
製本　中永製本所

Printed in Japan
ISBN978-4-7948-1169-1